# One man – one vote – one value?

## Der schwierige Weg zu einem einheitlichen Wahlrecht für das Europäische Parlament

**Jan Scheffler**

# One man – one vote – one value?

# Der schwierige Weg zu einem einheitlichen Wahlrecht für das Europäische Parlament

Verlag Dirk Koentopp

Scheffler, Jan:
One man – one vote – one value?
Der schwierige Weg zu einem einheitlichen Wahlrecht
für das Europäische Parlament
Osnabrück: Verlag Dirk Koentopp, 2005
ISBN 3-938342-01-3

**ISBN 3-938342-01-3**


Herstellung: Books on Demand GmbH, Norderstedt

Printed in Germany

# Inhaltsverzeichnis

# Abkürzungsverzeichnis

| | |
|---|---|
| ABl. | Amtsblatt der Europäischen Gemeinschaft(en) |
| ALDE | Allianz der Liberalen und Demokraten für Europa (ehemals LIB) |
| Art. | Artikel |
| AUT | Österreich |
| BEL | Belgien |
| BVerfG | Bundesverfassungsgericht |
| bzw. | beziehungsweise |
| CYP | Zypern |
| CZE | Tschechische Republik |
| DEN | Dänemark |
| ders. | derselbe |
| DEU | Deutschland |
| dies. | dieselbe(n) |
| Dok. | Dokument |
| DVBl. | Deutsches Verwaltungsblatt |
| DWA | Direktwahlakt |
| EAG | Europäische Atomgemeinschaft (Euratom) |
| EAGV | Vertrag zur Gründung der Europäischen Atomgemeinschaft |
| EG | Europäische Gemeinschaft(en) |
| EGKSV | Vertrag zur Gründung der Europäischen Gemeinschaft für Kohle und Stahl |
| EGV | Vertrag zur Gründung der Europäischen Gemeinschaft(en) |
| EP | Europäisches Parlament |
| EPG | Europäische Politische Gemeinschaft |
| ESP | Spanien |
| EST | Estland |
| et al | und andere |
| EU | Europäische Union |
| EuGH | Europäischer Gerichtshof |
| EUV | Vertrag zur Gründung der Europäischen Union |
| EuWG | Europawahlgesetz der Bundesrepublik Deutschland |
| EVG | Europäische Verteidigungsgemeinschaft |
| EVP | Fraktion der Europäischen Volkspartei |
| EWG | Europäische Wirtschaftsgemeinschaft |
| EWGV | Vertrag zur Gründung der Europäischen Wirtschaftsgemeinschaft |
| EWK | Einerwahlkreis |
| FDP | Freie Demokratische Partei (Deutschland) |
| FIN | Finnland |
| FL | Fraktionslose Abgeordnete |
| FRA | Frankreich |

| | |
|---|---|
| GBR | Großbritannien (England, Schottland und Wales) bzw. Vereinigtes Königreich (Großbritannien plus Nordirland) |
| GRE | Griechenland |
| Grüne | Fraktion Die Grünen |
| Hrsg. | Herausgeber |
| HUN | Ungarn |
| IND/DEM | Fraktion Unabhängigkeit und Demokratie |
| IRL | Irland |
| ITA | Italien |
| Kap. | Kapitel |
| LAT | Lettland |
| LIB | Fraktion der Liberalen |
| LR-Hare | Largest Remainder Hare (Haresches Wahlzahlverfahren mit Methode des größten Überrestes) |
| LTU | Litauen |
| LUX | Luxemburg |
| MEP | Mitglied des Europäischen Parlaments |
| MLT | Malta |
| mod. | modifiziert |
| MOEL | mittel- und osteuropäische Länder |
| MPWK | Mehrpersonenwahlkreis |
| nat. | national |
| NED | Niederlande |
| NIRL | Nordirland |
| Nr. | Nummer |
| PDS | Partei des demokratischen Sozialismus (Deutschland) |
| POL | Polen |
| POR | Portugal |
| REA | Fraktion der Radikalen Europäischen Allianz |
| Rn | Randnummer |
| SLO | Slowenien |
| SPE | Fraktion der Sozialdemokratischen Partei Europas |
| STV | Single Transferable Vote (übertragbare Einzelstimmgebung) |
| SVK | Slowakei |
| SWE | Schweden |
| Tab. | Tabelle |
| TUA | Technische Fraktion der Unabhängigen Abgeordneten / Gemischte Fraktion |
| UEN | Fraktion der Unabhängigen für das Europa der Nationen |
| UFE | Fraktion Union für Europa |
| VEL/NGL | Fraktion der Vereinigten Europäischen Linken / Nordische Grüne Linke |
| WK | Wahlkreis |

# Tabellenverzeichnis

# Vorwort

Das Europäische Parlament ist weltweit die einzige übernationale Institution, die von den Bürgern direkt gewählt wird. Sie bezieht ihre Legitimation damit unmittelbar durch die Völker der in der Europäischen Union zusammengeschlossenen Staaten.

Die bislang größte demokratische Abstimmung in der Europäischen Geschichte waren die Europawahlen 2004. Die erste Direktwahl der Europa-Abgeordneten fand im Juni 1979 statt. Bis dahin waren die Mitglieder des Europäischen Parlaments Vertreter der nationalen Parlamente, aus deren Mitte sie ernannt und ins Europäische Parlament entsandt wurden. Entsprechend der Dauer einer Legislaturperiode finden die Wahlen seither im Abstand von fünf Jahren statt.

Die Plenarsitzungen des Parlaments finden in Straßburg statt. Das Europäische Parlament versteht sich als Wahrer der europäischen Interessen und der Bürgerrechte. Es pflegt ständigen Kontakt mit den nationalen Parlamenten. Das Europäische Parlament wird gemeinsam mit dem Ministerrat als Gesetzgeber tätig und übt gemeinsam die Haushaltsbefugnisse aus. Weiterhin wählt es den Präsidenten der Europäischen Kommission mit der Mehrheit seiner Mitglieder.

Aber der zunehmende Kompetenzgewinn des Europäischen Parlaments geht seit Jahrzehnten mit einer rückläufigen Wahlbeteiligung einher. Die Wählerschaft sank für die Europawahlen auf ein historisches Tief und die Europagegner hatten starke Stimmengewinne zu verzeichnen.

Seit dem 1. Mai 2004 hat Europa 25 Mitgliedstaaten; die Zahl wird in den nächsten Jahren weiter steigen. 25 Mitgliedstaaten bedeuten auch 25 Wahlsysteme, die bei den Europawahlen zusammentreffen. Jan Scheffler hat in seiner Arbeit „One man – one vote – one value?“ die Komplexität der Europawahlen zusammengefasst und analysiert. Er hat damit einen wichtigen Beitrag für die Diskussion über die demokratische Legitimierung Europas geleistet.

Prof. Dr. Hans-Gert Pöttering

Vorsitzender der EVP-ED-Fraktion im Europäischen Parlament

# Einleitung

Das Europäische Parlament stellt sowohl im Vergleich mit allen anderen demokratischen Volksvertretungen als auch inmitten der Organe internationaler Zusammenschlüsse einen schillernden Sonderfall dar: Es ist die weltweit einzige übernationale Institution, die von den Bürgern direkt gewählt wird (Silvestro 1990). Sie bezieht ihre Legitimation damit unmittelbar durch die Völker der in der Europäischen Union zusammengeschlossenen Staaten. Und was diese Sonderstellung noch ungewöhnlicher macht, wird beim Blick auf das „Wie" des Wählens und Gewähltwerdens deutlich: „Der Gebrauch mehrerer, regional divergierender Wahlsysteme für die Wahl eines einzigen Parlaments [ist] in der neueren europäischen Wahlgeschichte ohne Beispiel" (Lenz 1995: 180).

Das Fehlen vergleichbarer Fälle hat auf den ersten Blick einen einfachen Grund: Schließlich scheint die demokratische Wahl, die neben den Grundsätzen allgemein, unmittelbar, frei und geheim vor allem Gleichheit postuliert, mit unterschiedlichen Wahlsystemen für ein und dasselbe Organ inkompatibel. Gleichwohl muss man einräumen, dass erst die (vorübergehende) Akzeptanz divergierender nationalstaatlicher Regelungen eine Direktwahl des EP und damit die Stärkung des Bürgerwillens ermöglicht hat: Seit 1979 wählen die Bürger der EG / EU ihre Abgeordneten in Straßburg direkt – zunächst nach neun, nach den Beitrittsrunden der 1980er und 1990er-Jahre sowie der kurz vor der Europawahl 2004 erfolgten Osterweiterung inzwischen nach 25 unterschiedlichen Wahlsystemen.

Was zunächst als Übergangslösung gedacht war, hat sich als sehr dauerhaftes Provisorium erwiesen (vgl. Schwarz 1987: 383). Daran hat auch der aus dem Jahre 2002 datierende Kompromiss zwischen Rat und Parlament zur Änderung des so genannten Direktwahlakts, der für die Durchführung der Europawahlen maßgeblich ist, nichts geändert[1]: Die Heterogenität der nationalen Europawahlsysteme bleibt vorerst bestehen.

---

[1] Vgl. den Beschluss des Rates zur Änderung des Akts zur Einführung allgemeiner unmittelbarer Wahlen der Abgeordneten des Europäischen Parlaments (ABl. L 283 vom 21.10.2002) sowie den vorbereitenden Beschluss des Rates vom 21.05.2002 (Dok.-Nr. 8964/02) und den Bericht Gil-Robles Gil-Delgado des Europäischen Parlaments (A5-0212/2002).

Der auffälligen Vielgestaltigkeit stehen zahlreiche, bisher aber nur sehr eingeschränkt von Erfolg gekrönte Bemühungen gegenüber, eine Vereinheitlichung des Europawahlrechts herbeizuführen. Allen diesen Bestrebungen ist dabei gemein, dass sie die bestehenden Unterschiede abbauen wollen. Weniger Einigkeit herrscht allerdings über den Grad der Homogenisierung. Mit anderen Worten: Was heißt eigentlich einheitlich? Die Antwort auf diese Frage oszilliert zwischen zwei Extremen: So mag Einheitlichkeit Identität bedeuten[2] oder aber auch lediglich die Festlegung einiger grundlegender gemeinsamer Prinzipien[3]. Ein Urteil über die Vorzugswürdigkeit der unterschiedlichen Konnotationen darf an dieser Stelle noch unterbleiben. Da sie aber die völlig unterschiedlichen Sichtweisen des Europawahlrechts markieren, ist das Vorverständnis von Einheitlichkeit im Auge zu behalten.

Um den Hintergrund der Vereinheitlichungsbemühungen korrekt einzuordnen, muss man sich über die generelle Bedeutung von Wahlsystemen im Klaren sein. Wenn Wahlen als „die Auswahl der Regierenden durch die Regierten" (Duverger 1959: 361) für jede parlamentarische Demokratie konstitutiv sind, indem sie für die Repräsentation von Meinungen und Interessen der Wahlbevölkerung, die Mobilisierung der Wählerschaft, die Legitimierung des politischen Systems und die Übergabe von zeitlich begrenzter Regierungsgewalt sorgen sowie zur Kanalisierung politischer Konflikte und der Entscheidung über alternative Sachprogramme beitragen[4], dann sind Wahlsysteme ein Instrument, dessen Ausgestaltung dafür mitverantwortlich ist, ob die Wahlen ihrem Anspruch gerecht werden können oder nicht. Die Europawahlen haben die meisten der vorgenannten Funktionen bisher nur teilweise erfüllen können.

Damit ist nicht gemeint, dass aufgrund der institutionellen Struktur der EU dem Punkt „Übergabe von Regierungsgewalt" ohnehin nur untergeordnete Bedeutung zukommt. Vielmehr ist bemerkenswert, dass die geringe und noch dazu sinkende Wahlbeteiligung, ein nur marginales Interesse der Medien sowie die fehlende europäische Dimension der Wahlkämpfe den Charakter der Wahlen als „eurodemokratischen Integrationsakt" (Gensior 1993: V) in Frage stellen.

---

[2] Vgl. Lenz (1995: 79), der die „gemeinschaftsrechtliche Vollregelung aller mit der Wahl des EP zusammenhängenden Fragen" fordert.

[3] Vgl. die Vorschläge aus dem Europäischen Parlament unmittelbar nach den ersten Direktwahlen unter der Federführung des belgischen Liberalen Jean Rey (Millar 1990: 39).

[4] Vgl. im Detail Nohlen (2004a: 21ff).

Wie schwierig es ist, die Europawahlen als wichtigen und eigenständigen Akt bürgerlicher Partizipation im ständig komplexer und unübersichtlicher werdenden Gebilde Europäische Union zu etablieren, hat der Urnengang des Jahres 2004 noch einmal überdeutlich gezeigt. Die EU-weite Wahlbeteiligung sank auf ein historisches Tief. Mit 45,7 Prozent lag sie deutlich unter der 50-Prozent-Marke. In den zehn neuen Mitgliedsländern gaben sogar nur ca. 26 Prozent der Wahlberechtigten ihre Stimme ab. Erfreuliche Ausnahmen wie die zwar weiterhin schwache, aber deutlich gestiegene Wahlbeteiligung im Vereinigten Königreich (38,8 Prozent gegenüber 24,0 Prozent im Jahr 1999) oder der Spitzenwert Maltas (82,4 Prozent ohne Wahlpflicht) konnten den Trend nicht umkehren.

Die neuere Forschung wertet solch eine niedrige Wahlbeteiligung nicht mehr automatisch als Alarmsignal. Der „Krisenthese" steht die so genannte „Normalisierungsthese" gegenüber, der zufolge sich die Bürger bei stabilen Verhältnissen aufgrund eines gewissen Grundvertrauens in die Institutionen ihrer Stimme häufiger enthalten und ihr Stimmrecht erst wieder nutzen, wenn eine Krisensituation auftritt[5]. Angesichts der Verunsicherung und des geringen Kenntnisstands der Bevölkerung in Bezug auf die EU fällt es aber schwer, im vorliegenden Fall von einer „Normalisierung" zu sprechen und zur Tagesordnung überzugehen.

Dagegen spricht auch, dass zwischen der transnationalen Grundkonzeption des EP und dem Fehlen eines grenzübergreifenden Wahlkampfs sowie eines europäisch beeinflussten Wahlverhaltens ein offensichtliches Missverhältnis besteht. In den Kampagnen in nahezu allen Ländern waren im Jahr 2004 wie auch bei den weiter zurückliegenden Europawahlen europäische Themen völlig abwesend, die politische Auseinandersetzung konzentrierte sich zumeist auf nationale Inhalte, auf eine zugespitzte Debatte über die Regierungspolitik. Diesmal fuhren besonders die oppositionellen Parteien mit dieser Strategie bestens: „Bei aller Vielfalt und Zwietracht. Europa hat gleich gewählt. Nicht links oder rechts, nein dagegen. Die Wahlergebnisse sind eine europaweite Ohrfeige für die jeweiligen Regierungen" (Jahn 2004). In 19 von 25 Mitgliedstaaten, darunter in Deutschland, Frankreich, Großbritannien, Italien und Polen, trug 2004 die nationale Opposition den Sieg davon.

---

[5] Vgl. Roth / Kornelius (2004: 50ff).

Es wäre natürlich vermessen zu behaupten, dass an dem geringen öffentlichen Interesse einerseits und an der nationalen Verengung der Wahl andererseits einzig die Uneinheitlichkeit des Wahlsystems schuld sei. Aber sie ist einem Abbau der Defizite jedenfalls nicht förderlich, weil sie die einzelstaatliche Dimension der Europawahlen fördert und damit deren Status als „Nebenwahlen“[6] zementiert (de Vries 1996: 417, Lodge / Herman 1982: 269). Bei allem Reformeifer gilt jedoch, dass das gesamte Feld der Wahlrechtsänderungen ein Bereich ist, den es äußerst vorsichtig anzufassen gilt. Ein aus theoretischer Sicht wenig optimales Wahlsystem kann durchaus funktionstüchtig sein, wenn es sich einer traditionellen Verankerung und allgemeiner Akzeptanz in der Wahlbevölkerung erfreut (Schöndube 1983: 184). Dann könnte ein vermeintlich besseres Wahlrecht, dass der Bevölkerung „übergestülpt“ wird, mehr Schaden anrichten als Nutzen stiften – besonders dann, wenn das neue Wahlrecht so komplex ist, dass es ungewollt Abstinenz erzeugt (Farrell 2001: 201). Diese Gefahr droht beim Wahlrecht für das EP gleich mehrfach: Erstens haben wir es bei den gegenwärtig geltenden Vorschriften mit zum Teil lange in der Bevölkerung verwurzelten nationalen Regelungen zu tun; zweitens wäre ein einheitliches Verfahren, bei dessen Design noch mehr Variablen aufträten als bei nationalen Systemen, notgedrungen komplex; drittens erschweren die speziellen Funktionsbedingungen der jungen Demokratien (und EU-Neumitglieder) aus Mittel- und Osteuropa die Suche nach einfachen Lösungen. Diese Einwände sind also bei der Überprüfung jeder Reformidee heranzuziehen. Dennoch können solche Bedenken nicht als Entschuldigung für eine prinzipielle Blockade jeden Wandels in die Waagschale geworfen werden (Corbett / Jacobs / Shackleton 1995: 20).

Unterstellt man nun als These einen gewissen Reformbedarf, findet sich dann bereits in der einschlägigen Wahlsystemliteratur ein hilfreicher Hinweis auf die optimale Form? Leider nicht. Glaubten die Vertreter der normativen Schule, Auswirkungen von Wahlsystemen weit gehend unabhängig von den Kontextfaktoren voraussagen und dementsprechend eine definitive Aussage über das beste Wahlsystem treffen zu können[7], dominiert in jüngerer Zeit ein wissenschaftlicher Reduktionismus, der sich nur noch vorsichtige, historisch-

---

[6] Reif / Schmitt (1980: 3) haben den Begriff der „simultaneous national second-order elections“ geprägt. Vgl. Westlake (1994: 98ff) und Judge / Earnshaw (2003: 70ff).

[7] Vgl. exemplarisch für die Verfechter der Mehrheitswahl, die ihre Meinung aus einer Fundamentalkritik an der Verhältniswahl herleiten, den Klassiker von Hermens (1951).

empirisch abgesicherte Aussagen zutraut (vgl. Nohlen 2004a, Norris 1997). Zwar lassen sich noch immer autorenspezifische Vorlieben entdecken[8], ein adäquates Wahlsystem in einem bestimmten Umfeld hängt aber nicht nur nach Meinung von Katz (1997: 308) davon ab, „who you are, where you are, and where you want to go". Insofern sind sinnvolle Aussagen im betrachteten Fall nur möglich, wenn sie auf einer gründlichen Auseinandersetzung mit den Charakteristika des politischen Systems der EU aufbauen.

Die vorliegende Arbeit will nicht den gesamten Bereich möglicher Vereinheitlichungen erfassen. Es geht in erster Linie um das Wahlsystem, unter dem mit Nohlen (2004a: 53) der „Modus, nach welchem die Wähler ihre Partei- und/oder Kandidatenpräferenz in Stimmen ausdrücken und diese in Mandate übertragen werden", verstanden werden soll. Dabei regeln „Wahlsysteme (..) diesen Prozess durch Festlegung der Wahlkreiseinteilung, der Wahlbewerbung, der Stimmgebung und der Stimmenverrechnung".

Häufig überschneidet sich der Terminus Wahlsystem mit dem des Wahlrechts. Letzterer erfasst in einem weiteren Sinne aber auch alle ergänzenden Bestimmungen, die den Wahlprozess regeln (Wahlalter, Auswahl der Kandidaten, Festsetzung der Wahl, Wahltage, Wahlkampf, Wohnsitz, Wahlorganisation etc.). Die Abgrenzung der Begriffe ist in der Literatur alles andere als streng. Wegen der hohen juristischen Relevanz ist im europäischen Kontext häufig vom Wahlrecht die Rede[9], obwohl eigentlich das Wahlsystem gemeint ist. Die EG-Verträge und der DWA sprechen dagegen von einem „Wahlverfahren". Eine terminologische Orthodoxie wäre für diese Arbeit also wenig hilfreich, weil sie im wissenschaftlichen und politischen Umfeld keine Entsprechung findet.

Dennoch ist der Hinweis auf die verschiedenen Ebenen, die im Zusammenhang mit Gestaltungsfragen rund um demokratische Wahlen existieren, notwendig, da in dieser Studie mit dem Wahlsystem im engeren Sinne eben nur eine dieser Ebenen herausgegriffen wird. Die Prioritätensetzung bedeutet nicht, dass eine Vereinheitlichung im administrativen Bereich schon erreicht oder gar überflüssig

---

[8] So gibt Farrell (2001) seine Sympathie für STV zu erkennen, Sartori (1994) schätzt die absolute Mehrheitswahl, Nohlen (2004a) betont die Vorzüge der personalisierten Verhältniswahl.

[9] Wegen des häufigen Gebrauchs wurde auch im Untertitel dieser Arbeit auf „Wahlrecht" zurückgegriffen.

wäre[10]. Gleichwohl ist im Rahmen des Prinzips „One man – one vote – one value“, das dieser Arbeit ihren Namen gegeben hat und auf das sich die Promotoren der Vereinheitlichungsbestrebungen vorrangig berufen, der wahlsystematische Umgang mit den Wählerstimmen der zentrale Anknüpfungspunkt.

Die Forderung „one man – one vote“, also das allgemeine Wahlrecht, ist spätestens seit der Einführung der Unionsbürgerschaft im Jahre 1992 (Art. 17ff EGV) auch auf der europäischen Ebene akzeptiertes Allgemeingut. Weniger fest verankert ist das dritte Glied in der Kette („one value“). Ohne den Ergebnissen der Untersuchung vorgreifen zu wollen: Die gegenwärtigen Systeme genügen diesem Leitsatz aus zwei Gründen nicht. Die nur begrenzt an proportionalen Gesichtspunkten orientierte fixe Mandatskontingentierung sowie die nationalen Wahlsysteme, die dem Wähler unterschiedlich große Möglichkeiten zur Präferenzartikulation einräumen und die verschieden starke Konzentrationsanreize kennen, laufen der Forderung nach einem gleichen Erfolgswert zuwider – unabhängig davon, ob man diesen enger oder weiter definiert. So ist in der Literatur umstritten, ob mit „Wert“ tatsächlich der gleiche *Erfolgswert* jeder Stimme gemeint ist (also die völlige Gleichbehandlung jeder Stimme bei der Umsetzung in Mandate) oder lediglich die gleiche *Erfolgschance* (Ausschluss von a priori diskriminierenden Elementen wie ungleichen fixen Wähler-Abgeordneten-Relationen). Hier soll der zweiten Definition gefolgt werden, weil die erste die Diskussion von vornherein auf die reine Verhältniswahl verengt. Außerdem könnte auch diese keinen strikt gleichen Erfolgswert jeder Einzelstimme garantieren, da jedes Modell repräsentativer Demokratie Konzentrationstendenzen kennt (vgl. Kaack 1967: 28).

Wenn bei Europawahlen die Stimmen einen unterschiedlichen Wert haben, so liegt es nahe zu hinterfragen, in welchem Maße und warum dies so ist, wie sich die Ungleichheit gegebenenfalls rechtfertigen lässt und welche Maßnahmen angemessen erscheinen, um sie zu reduzieren.

---

[10] Vgl. die nach wie vor divergierenden Altersgrenzen für das passive Wahlrecht sowie die sehr heterogenen Modi der Kandidatenaufstellung, den uneinheitlichen Wahltermin, die unterschiedlichen Öffnungszeiten der Wahllokale etc.. Einige Vorschläge zur Homogenisierung in diesem Bereich, die insbesondere darauf abzielen, die Singularität der Europawahlen hervorzuheben, macht Lodge (2001: 275ff).

Die Vielzahl der Aspekte, die im Zusammenhang mit den Wahlen zum EP bereits angesprochen worden sind, gipfeln in einer zentralen Problemstellung: Wie sieht ein optimiertes Europawahlsystem für die EU-25 aus?

Die Ausführungen dieser Arbeit beziehen sich dabei in mehrfacher Hinsicht auf den Status quo: Bei der Analyse des kontextuellen Rahmens wird vom tatsächlichen qualitativen und institutionellen Stand der europäischen Integration ausgegangen. Das Ergebnis der Wahlsystemdiskussion wäre sicher ein anderes, würde man Zukunftsszenarien wie eine echte europäische Identität oder einen vollendeten Bundesstaat, womöglich mit einer präsidenziellen Regierungsform, zu Grunde legen. Ein solcher Systemwechsel steht aber vorläufig nicht bevor – auch dann nicht, wenn die Mitgliedstaaten den vom Europäischen Konvent vorbereiteten, vom Europäischen Rat nach langwierigen Verhandlungen verabschiedeten und schließlich am 29. Oktober 2004 in Rom unterzeichneten Vertrag über eine Verfassung für Europa ratifizieren sollten. Trotz der hohen Symbolhaftigkeit des Verfassungsgebungsprozesses bleibt der Entwurf dem bisherigen Integrationsmodell einer begrenzten, durch die Mitgliedstaaten getragenen Supranationalisierung ausgewählter Politikbereiche treu. Bei der geographischen Reichweite der EU soll ebenfalls vom gegenwärtigen Rahmen – also der EU-25 – ausgegangen werden. Die zurzeit konkret geplanten künftigen Erweiterungen (Bulgarien, Rumänien, evtl. Türkei und Kroatien) könnten sicher noch in das im Folgenden zu entwickelnde Modell eingebunden werden. Bei einer noch weiter wachsenden EU stößt die institutionelle Struktur in ihrer gegenwärtigen Form allerdings spätestens an ihre funktionellen Grenzen, die Frage nach der Rolle des EP und damit auch des Wahlsystems würde sich dann möglicherweise unter ganz anderen Vorzeichen stellen.

Um nun die Suche nach einem optimierten Wahlsystem für die EU-25 in Angriff zu nehmen, werden vorab die beiden Repräsentationsprinzipien Mehrheitswahl und Verhältniswahl einander gegenübergestellt. Nach einer allgemeinen Darstellung ihrer Implikationen wird ihre jeweilige Kompatibilität mit den Spezifika des politischen Systems der EU im Allgemeinen und mit der Rolle des EP im Speziellen untersucht (Kap. 1). Diese Verfahrensweise erlaubt es, dass man bereits an jener Stelle das Repräsentationsprinzip Mehrheitswahl als für die Wahlen zum EP ungeeignet ausschließen kann.

Daher spielt die Mehrheitswahl bei den „Ausgewählten Aspekten der Wahlsystematik“ (Kap. 2) bereits keine Rolle mehr. In diesem Kapitel werden in den Abschnitten „Wahlsystemtypen“, „Wahlkreise und Wahlbezirke“, „Künstliche Sperrklauseln“, „Wahlbewerbung“, „Stimmgebung“ und „Stimmenverrechnung“ alle wesentlichen technischen Elemente der Wahlsystemgestaltung zunächst ohne Bezug zum Europäischen Parlament vorgestellt. Diese kompakte theoretische Veranschaulichung mit Beispielen aus dem gewohnten nationalstaatlichen Kontext soll den Blick für die Wirkungsweise der Instrumente schärfen und einen Überblick darüber geben, welche Einzelbestimmungen man bei einem Wahlsystem für das EP überhaupt verwenden könnte.

Im dritten Kapitel stehen dann die geschichtliche Entwicklung des Europawahlrechts und seine gemeinschaftsrechtlichen Grundlagen im Mittelpunkt. Die ausführliche Beschäftigung mit den historischen Gegebenheiten dient keinem Selbstzweck, sondert liefert wichtige Hinweise auf die in Jahrzehnten aufgebauten Strukturen und ermöglicht damit eine historisch abgesicherte Beurteilung der aktuellen Bestimmungen. Der Blick auf juristische Einzelheiten des Gemeinschaftsrechts gewinnt seinen Reiz dadurch, dass sich hinsichtlich des Gleichheitsgrundsatzes und des Demokratieprinzips viele Details identifizieren lassen, die direkt oder indirekt bestimmte Anforderungen an das Europawahlrecht stellen.

Im Herzstück dieser Arbeit sollen schließlich die gegenwärtigen mitgliedstaatlichen Europawahlsysteme analysiert und Reformvorschläge entwickelt werden (Kap. 4). Ausgehend von einer synoptischen Darstellung der derzeit gültigen Regelungen folgt zunächst eine empirisch-statistische Aufarbeitung der Wahlergebnisse von 2004 und 1999, um zu überprüfen, ob und wenn ja in welchem Maße es bei der Mandatsverteilung zu Verzerrungen des Stimmenergebnisses gekommen ist[11]. Die weiteren Abschnitte beziehen sich dann ähnlich wie im Kap. 2 jeweils auf ein konkretes Gestaltungselement (Mandatskontingentierung; Wahlsystem, Wahlkreise, Wahlbezirke; künstliche

[11] Obwohl die empirisch-statistische Methode in der Wahlsystemforschung durchaus einen festen Platz einnimmt und sie erhebliche vergleichende Erkenntnisgewinne beisteuern kann (vgl. die Standardwerke von Rae (1971), Taagepera / Shugart (1989), Lijphart (1994)), fristet sie in Bezug auf die Europawahlen ein stiefmütterliches Dasein. Lediglich für die Europawahlen 1999 haben Baimbridge / Darcy (2001) diese Methode herangezogen – allerdings nur für die mitgliedstaatliche Ebene und nicht für die transnationalen Fraktionen.

Sperrklauseln; Wahlbewerbung und Stimmgebung; Stimmenverrechnung). Es werden die mannigfaltigen mitgliedstaatlichen Vorschriften im Detail beschrieben und ausgewertet sowie konkrete Vorschläge zu deren Vereinheitlichung unterbreitet. Dabei kommen auch eventuelle Kombinationsprobleme einzelner Elemente zur Sprache. Die Schlussbetrachtung stellt das Resultat der Studie noch einmal im Zusammenhang dar und würdigt es hinsichtlich seiner politischen Mach- und Wünschbarkeit kritisch.

# Kapitel 1:
# Wahlsystemgrundtypen und Europäisches Parlament

## 1.1. Mehrheitswahl versus Verhältniswahl

Der Streit um das „richtige“ Wahlrecht – also dasjenige, das den Erfordernissen der Demokratie am besten gerecht wird – beschäftigt Politiker und Wissenschaftler seit Generationen. Die Gretchenfrage ist dabei regelmäßig gewesen, wie man es mit den Grundtypen der Wahlsysteme halte, was etwa die jahrzehntelangen Debatten um Mehrheits- und Verhältniswahl in Großbritannien[12] und Deutschland[13] verdeutlichen. Leider sind diese nicht immer von einer systematischen Durchdringung geprägt worden. So gilt die Mehrheitswahl als Auswahlverfahren, bei dem der Kandidat mit der Mehrheit der Stimmen gewählt ist, während die Verhältniswahl als ein Modus beschrieben wird, bei dem die Zusammensetzung des Parlaments möglichst genau die Stimmenverteilung auf die politischen Parteien widerspiegeln soll. Eine solche asymmetrische Abgrenzung schafft aber mehr Verwirrung als Klarheit: Im ersten Fall wird nämlich die Technik der Auswahl veranschaulicht, im zweiten aber das Ziel des Wahlverfahrens – die proportionale Repräsentation. Insofern erscheint es sinnvoll, im Sinne von Nohlen (2004a) technische Entscheidungsprinzipien einerseits und Repräsentationsprinzipien andererseits zu differenzieren.

Beim Entscheidungsprinzip Majorz wird ein Mandat bzw. werden mehrere Mandate zugeteilt, wenn ein Kandidat oder eine Partei die geforderte Mehrheit der Stimmen

---

[12] Die Geschichte des Wahlrechts in Großbritannien ist geprägt von einer schrittweisen Einführung des relativen Mehrheitswahlrechts sowie der immer wieder aufkommenden Frage, ob es nicht durch ein Verhältniswahlmodell ersetzt werden sollte. Der jüngste bedeutende Reformvorschlag in diesem Zusammenhang ist von der so genannten Jenkins-Kommission präsentiert worden (vgl. ausführlich Gay 1998b).

[13] In Deutschland bestand bereits in der Weimarer Republik keine Einigkeit darüber, welches Wahlrecht vorzuziehen sei, auch wenn die Befürworter der Mehrheitswahl nicht sehr zahlreich waren. Nach dem II. Weltkrieg setzte eine lebhafte, zum Teil stark von ideologisch-normativen Elementen geprägte Diskussion darüber ein, inwieweit das Verhältniswahlrecht den Untergang der ersten deutschen Demokratie verantwortet habe und welche Konsequenzen daraus für das Wahlrecht der Bundesrepublik zu ziehen seien. Besonders in den fünfziger und sechziger Jahre hatte das Thema eine beherrschende Stellung, wovon die umfangreiche Literatur Zeugnis ablegt. Vgl. dazu die historischen Darstellungen von Hübner (1984) und Jesse (1985).

auf sich vereinigt. Dagegen werden beim Entscheidungsprinzip Proporz die Mandate im Verhältnis der Stimmen vergeben, die einzelne Parteien oder Kandidaten erzielt haben. Das Repräsentationsprinzip Mehrheitswahl wird von der Intention beherrscht, die parlamentarische Mehrheitsbildung einer Partei oder eines Parteienbündnisses und damit eine stabile Regierung zu garantieren (unter bewusster Inkaufnahme bzw. Herbeiführung von Disproportionalitäten). Die Verhältniswahl indes strebt ein möglichst exaktes Abbild der verschiedenen Meinungen, Einstellungen und Kräfteverhältnisse der Wählerschaft an.

Die genannten divergierenden Zielvorstellungen, die zum einen der funktionalistischen und zum anderen der partizipatorischen Demokratietheorie entspringen, sollen in weit stärkerem Maße als das Entscheidungsprinzip den Ausgangspunkt der weiteren Betrachtungen bilden. Eine solche Einteilung gemäß der jeweils zentralen Systemfunktion führt zu einer bipolaren Sichtweise der Wahlsysteme, in der sich die beiden Repräsentationsprinzipien antithetisch gegenüberstehen.

Diese Konzeptualisierung bietet eine Reihe von Vorteilen: Erstens lassen sich die wahlsystemgestalterischen Spielarten unabhängig von der technischen Zuteilung der Mandate einwandfrei klassifizieren. Damit ist die terminologisch wenig hilfreiche Kategorie der „Mischwahlsysteme“ überflüssig. Obwohl einige Mehrheitswahlsysteme proportionalitätsverstärkende Zusatzregelungen vorsehen und nahezu alle Verhältniswahlsysteme Konzentrationsanreize kennen, bleibt die jeweilige übergeordnete Repräsentationsvorstellung unberührt. Beim Dreierwahlsystem überwiegt trotz der proportionalen Zuordnung der Mandate genauso der Konzentrationsanreiz wie beim kubischen Wahlsystem, das die Mandate gemäß der dritten Potenz der Stimmenanteile an die Parteien und Kandidaten vergibt: Mithin handelt es sich bei beiden Systemen eindeutig um Mehrheitswahl. Dagegen ist das Wahlsystem der Bundesrepublik Deutschland trotz des technischen Elements des Einerwahlkreises aufgrund des übergeordneten Proporzgedankens eindeutig eine Verhältniswahl (siehe Kap. 2.1).

Zweitens schärft die Dichotomie den Blick für die primäre Beurteilung der Wahlsysteme nach ihrer essenziellen inneren Logik. Wenn man die wesensmäßige Eigenheit der Grundtypen zur hauptsächlichen Kategorie erhebt, lassen sich Argumentationsmuster, welche die Repräsentationsprinzipien wahllos vermengen, leichter als unsachgemäß identifizieren. Es entbehrt nämlich genauso einer vernünftigen Grundlage, einem Mehrheitswahlrecht die hohe Hürde für Parteien zur Erlangung parlamentarischer Repräsentation vorzuwerfen, wie es wenig angemessen ist, ein Verhältniswahlrecht für den fehlenden Anreiz zur Regierungsbildung einer einzigen Partei zu kritisieren. Dies impliziert, dass auch die verfassungsrechtliche Analyse und Kritik der Verfahren eine wahlsystemimmanente zu sein hat. Demzufolge mag ein Verfassungsgericht die hohe Sperrwirkung des Mehrheitswahlrechts durchaus akzeptabel, die Errichtung einer im absoluten Vergleich niedrigeren künstlichen Sperrklausel in einem Verhältniswahlrecht aber sehr bedenklich finden[14].

Das Plädoyer für eine an den Spezifika des jeweiligen Repräsentationsprinzips ausgerichtete Untersuchung bedeutet natürlich nicht, dass bei einem Wahlsystem neben der Hauptintention die anderen Funktionen völlig aus dem Blick geraten dürfen – insbesondere dann nicht, wenn es zu gravierenden Defekten kommt. Gleichwohl ändert dies nichts daran, dass die Bewertung das zuvorderst verfolgte Prinzip in den Mittelpunkt rücken sollte[15].

Das dichotomische Modell ist nicht ohne Widerspruch geblieben[16]. Ihm wird ein unipolares Kontinuum entgegengesetzt, das von der reinen proportionalen Repräsentation als Nullpunkt des Strahls[17] ausgeht und darauf alle Wahlsysteme gemäß ihrer Entfernung von einer exakten Stimmen-Mandate-Relation abträgt. Der Ansatz basiert auf der Überzeugung, dass der Unterschied der Wahlsysteme „a matter of degree, not of kind“ (Rose 1983: 40) sei. Demnach muss jedes Wahlsystem – ohne dass man es als zu einem Repräsentationsprinzip gehörend begreift – nach denselben Kriterien bewertet werden. Dies erlaubt eine beliebige

[14] Vgl. dazu die Rechtsprechung des BVerfG und die zentrale Bedeutung der „Folgerichtigkeit“. Als Beispiel sei das erste maßgebliche Urteil des BVerfG (1, 208; Beschluss vom 5.4.1952) in dieser Hinsicht genannt.

[15] Vgl. die prägnante Analogie aus dem sportlichen Mehrkampf bei Nohlen (1998: 59).

[16] Vgl. Meyer (1973), Jesse (1985), Lijphart / Grofman (1984), Rose (1984), Sartori (1994), Kaltefleiter (1998).

[17] Die Verortung der reinen Verhältniswahl als Nullpunkt steht in engem Zusammenhang mit der These von Sartori (1994: 32), wonach die reine Verhältniswahl aufgrund ihrer nahezu exakten Proportionalität ein „no effect“-System sei. Dies kollidiert mit der Auffassung des antithetischen Konzepts, bei welcher der Installierung des Verhältniswahlsystems eine gesellschaftstheoretische Grundvorstellung innewohnt, die sich sehr wohl an „Effekten“ orientiert – nämlich der Ermöglichung der effizienten parlamentarischen Vertretung und Durchsetzung verschiedener gesellschaftlicher Interessen (Nohlen 2004a: 130).

Kombination von Elementen mit dem Ziel, „so viel Proportionalität wie möglich und so viel mehrheitsbildende Wirkung wie nötig“ (Meyer 1973: 186) zu schaffen.

Das unipolare Kontinuum hat den Vorteil, dass es Zuordnungsprobleme zu den antithetischen Repräsentationsprinzipien nicht kennt. Ist ein Wahlsystem mit dem Entscheidungsprinzip Proporz und einer Sperrklausel von 10 Prozent Mehrheitswahl oder Verhältniswahl? Wie verhält es sich mit Grabenwahlsystemen, in denen Mehrheitswahl und Verhältniswahl unabhängig nebeneinander stehen? Welche Schlussfolgerungen sind zu ziehen, wenn ein Wahlsystem in der Theorie zwar dem Repräsentationsprinzip der Mehrheitswahl, in der Praxis jedoch eher der Funktionsweise eines Verhältniswahlsystems entspricht (Jesse 1985: 50)? Diese Schwierigkeiten lassen sich im bipolaren Modell nicht vollständig auflösen. Die historisch-empirische Analyse kann bis auf wenige Einzelfälle (das Grabenwahlsystem gehört dazu) aber eine sinnvolle Klassifizierung leisten.

Dem tendenziellen Vorteil des unipolaren Modells in der problemlosen Anordnung der Wahlsysteme steht eine Schwäche gegenüber, die es für die Analyse ungeeignet macht: seine Beliebigkeit. Die fließenden Grenzen zwischen den Wahlsystemen lassen die hinter ihnen stehenden Repräsentationsprinzipien verschwimmen, die in vielen nationalstaatlichen Verfassungen festgelegt sind (Nohlen 2004a: 135). Die demokratietheoretische und verfassungsrechtliche Bewertung ist dann nur noch wenigen Restriktionen bzw. verminderten Kriterien unterworfen. Dezidierte Aussagen sind kaum möglich.

Was lässt sich nun im Rückgriff auf das antithetische Repräsentationsmodell über die idealtypischen Auswirkungen von Mehrheits- und Verhältniswahl sagen? Wie bereits angedeutet, soll die Mehrheitswahl einer Partei oder einem Parteienbündnis zu einer parlamentarischen Mehrheit verhelfen. Der Nutzen dieser Konstellation liegt darin, dass die Regierungsbildung sich unmittelbar aus der Wahl ableitet und nicht über Koalitionsverhandlungen erfolgt, auf die der Wähler keinen Einfluss hat. Solche Ein-Parteien-Regierungen haben in der Regel den Vorteil von Stabilität und Effizienz, weil sie nicht den Verwerfungen koalitionsinterner Streitigkeiten ausgesetzt sind. Hinzu kommt die recht einfache Zurechenbarkeit der Regierungsverantwortung: Die Wähler können bei der nächsten Wahl ihr Urteil über die Leistung der Regierung (und des einzelnen Abgeordneten) direkt abgeben. Eine ähnliche Konzentrationswirkung wie bei der Regierungsbildung entfaltet die Mehrheitswahl in Bezug auf das Parteiensystem. Die Sperrwirkung lässt die

Herausbildung eines Zweiparteiensystems erwarten[18], da sie kleinen und extremen Gruppierungen die Chance nimmt, parlamentarische Repräsentation zu erlangen[19] (Taylor 1984). Die Integrität des Parteiensystems wird durch die abschreckende Wirkung gegenüber Parteispaltungen gefestigt, weil ein solcher Bruch die Existenz der Teilgruppen aufs Spiel setzen würde.

Die unterstellte Position als einzige parlamentarische Opposition rückt die zweitstärkste Kraft in eine herausgehobene Stellung, zumal die Chance des Regierungswechsels durch den Mechanismus des Wahlsystems erhöht wird. Kleine Stimmenverschiebungen reichen unter Umständen aus, um beträchtliche Änderungen in der Mandatsverteilung zu bewirken. Da die Parteien um die Wechselwähler kämpfen müssen, findet eine politische Mäßigung statt. Auch Minderheiten können mit ihren Interessen im Zweiparteiensystem zumindest indirekte Repräsentation erlangen, weil sich die „Großen" in den Einerwahlkreisen um sie bemühen müssen, wenn sie das betreffende Direktmandat erlangen wollen. Schließlich ist noch die Einfachheit der Mehrheitswahl als Vorteil anzuführen. Da direkt über die einzelnen Abgeordneten im Wahlkreis abgestimmt wird, entfallen komplizierte Verrechnungsmethoden. Außerdem werden so eine territoriale und eine personenbezogene Komponente[20] gewährleistet.

Als wesentlicher Nachteil der Mehrheitswahl müssen verschiedene Verzerrungen gelten. Damit ist nicht per se die Disproportionalität gemeint – eben weil sie intendiert ist –, sondern Auswüchse oder unerwünschte Nebenwirkungen derselben. Solche Resultate ergeben sich dann, wenn die Mandatsverteilung deutlich von der für Mehrheitswahlsysteme approximierten Kubusregel (Stimmenanteil a:b, Mandatsanteil $a^3$:$b^3$) abweicht. Entsprechende Situationen hat es etwa in Großbritannien in den vergangenen 25 Jahren mit einem unverhältnismäßigen Nachteil für die Liberalen als dritter Kraft sehr häufig gegeben. Auch ein extremer Bias, bei dem die nach Stimmen zweitstärkste Partei eine absolute Mehrheit der Parlamentssitze erringt (wie bei den Unterhauswahlen im Februar 1974), gibt Anlass zu Kritik und zu der resignierten Feststellung, dass die Mehrheitswahl ein „Glücksspiel" sei (Lakeman 1970: 53). Die genannten Effekte haben mit der

---

[18] Vgl. die berühmten „soziologischen Gesetze" von Duverger (1959: 219).

[19] Dies gilt zumindest dann, wenn sie nicht regional konzentriert sind.

[20] Das Element der Persönlichkeitswahl im EWK ist aber mit der Professionalisierung des Parteienwettbewerbs zugunsten des mehrheitsbildenden Charakters des Wahlsystems stark in den Hintergrund getreten (Bogdanor 1983a: 4).

Wahlkreiseinteilung und der geographischen Stimmenverteilung zu tun; sie können aufgrund unzureichender Anpassung der Grenzziehung (malapportionment) oder absichtlicher Manipulation der Wahlkreiszuschnitte (gerrymandering) verstärkt werden. Selbst im Falle einer idealen Untergliederung des Wahlgebietes stellt sich das Problem der verschwendeten Stimmen (wasted votes). Die Voten, die für einen nicht gewählten Kandidaten abgeben werden oder einem Kandidaten zu einem Stimmenanteil verhelfen, der weit über die erforderliche Mehrheit hinausreicht, finden in der Zusammensetzung des Parlaments keinen Niederschlag[21]. Die Folge davon können eine Entmutigung der Opposition in den Hochburgen, geringe Wahlbeteiligung und eine Verödung der politischen Landschaft sein – verbunden mit einer übertriebenen Behinderung neuer politischer Kräfte. In diesem Zusammenhang relativiert sich auch die Bedeutung der indirekten Minderheitenrepräsentation: Sie ist nur dann gewährleistet, wenn die entsprechenden Gruppen eine kritische Größe haben und im Sinne der finanzwissenschaftlichen Theorie einem Schlüsselagenten entsprechen. Ist das nicht der Fall, bleiben sie unberücksichtigt.

Solche Sorgen stellen sich bei der Verhältniswahl nicht. Sie erlaubt bei ausreichender Größe der gesetzgebenden Körperschaft die Repräsentation aller Interessen und Meinungen des politischen Spektrums in Relation zu ihrer zahlenmäßigen Stärke. Jede Wählerstimme hat ihren eigenen, gleichen Wert, weil jedes Votum für eine Partei dieser bei der Erlangung eines weiteren Mandats hilft. Da landesweit nur relativ wenige Stimmen für ein Mandat notwendig sind, können sich über die Verhältniswahl neue gesellschaftliche Strömungen recht schnell parlamentarische Repräsentanz sichern. Die in der Regel parteienzentrierte Form der Wahlbewerbung kann zudem einer größeren Anzahl von Minoritätenvertretern und Experten den Weg in die Parlamente öffnen. Was die Regierungsbildung angeht, so scheiden sich die Geister an der Verhältniswahl. Die Befürworter sehen in den zumeist notwendigen Koalitionsregierungen ein positives Moment, weil diese sich auf die Mehrheit der Bevölkerung stützen können und nicht auf ein künstlich herbeigeführtes Übergewicht angewiesen sind. Außerdem werden von der Regierungsbeteiligung mehrerer Parteien kooperative Politikmuster und die Förderung von Verhandlungslösungen erwartet. Koalitionsregierungen seien zudem

---

[21] Theoretisch ist es möglich, dass eine Partei, die in jedem Wahlkreis 49 Prozent der Stimmen für sich verbuchen kann, daran scheitert, einen einzigen Parlamentssitz zu gewinnen (Bogdanor 1983a: 16).

in der Lage, Kontinuität zu gewährleisten, weil häufig nicht alle an der Regierung beteiligten Parteien bei einem Machtwechsel zugleich den Weg auf die Oppositionsbank antreten müssten. Dagegen bemängeln Kritiker die fehlende Zurechenbarkeit der Entscheidungen von Koalitionsregierungen, die mangelnde direkte Sanktionsmöglichkeit seitens des Wählers sowie die Intransparenz der Regierungsbildung, die hinter verschlossenen Türen erfolgt (Duverger 1984: 32). Ein weiterer Vorwurf gegenüber der Verhältniswahl betrifft die Zersplitterung des Parteiensystems. Die geringe Hürde zu parlamentarischer Repräsentanz leiste einer Fragmentierung Vorschub. In diesem Sinne drohen Splitterparteien die Funktionsfähigkeit des Parlaments zu behindern. Schließlich bewirke der Kampf verwandter Parteien um die gleichen Wähler den Aufbau künstlicher inhaltlicher Schranken und eine ideologische Radikalisierung, wodurch die notwendige Kompromissfindung erschwert werde.

Die Diskussion um Mehrheits- und Verhältniswahl erschöpft sich aber nicht in diesen klassischen Argumenten. Weiteres theoretisches Räsonnement und empirische Befunde haben einige der vermeintlich sicheren Aussagen in Frage gestellt[22]. Hinsichtlich der Mehrheitswahl können inakzeptable Verzerrungen nicht ohne Rücksicht auf die Kontextbedingungen unterstellt werden[23]. Auf der anderen Seite werden Zweifel an der „geheiligten Formel" laut, wonach die Mehrheitswahl stets ein stabiles und effizientes Zweiparteiensystem hervorbringe: Erstens generiert die Mehrheitswahlrecht im Gegensatz zu den Erwartungen Duvergers (1959) nicht zwangsläufig ein Zweiparteiensystem und erhält dieses auch nicht in jedem Fall[24]. Zweitens steht die Vermutung, mehrheitswahlbasierte Regierungen seien generell langlebiger als solche, die aus einer Verhältniswahl hervorgingen, auf tönernen Füßen (Farrell 2001: 194ff). Und drittens sind auch die theoretischen Annahmen angegriffen worden. Finer (1975) sieht im Mehrheitswahlsystem eine Tendenz zu „adversary politics"[25]. Die beiden Pole des Parteiensystems würden sich radikalisieren, weil die Opposition in eine fundamentale Kontraposition gedrängt

---

[22] Vgl. etwa Beyme (1984), Nohlen (2004a).

[23] In den USA etwa sind Demokraten und Republikaner in der Regel in hohem Maße proportional zu ihren Stimmenanteilen im Repräsentantenhaus vertreten (Sartori 1994: 54). Neben einer mechanischen Verzerrung, die bei den Parlamentswahlen in den USA offenbar weit gehend ausbleibt, sind aber auch psychologische Effekte zu berücksichtigen.

[24] Vgl. die Beispiele Kanada und Großbritannien sowie die Stärke radikaler Parteien in Frankreich.

[25] Kritisch zu den Ausführungen von Finer (1975) vgl. Cole (1999).

werde. Die Stabilität des politischen Systems sei durch extreme Umschwünge und die Diskontinuität aufeinander folgender Regierungen – Michael Dummett (1997: 178) bezeichnet dies als „elective dictatorship" – gefährdet. So kann ein nur geringer „Swing" bei den Stimmen, der kaum Rückschlüsse auf eine Änderung der öffentlichen Meinung zulässt, bei entsprechender Verteilung eine erdrutschartige Niederlage der Regierung bedeuten.

Doch auch das idealtypische Bild der Verhältniswahl bedarf der Revision oder zumindest der Ergänzung. Zum einen kann auch sie das genaue Spiegelbild der Gesellschaft nicht produzieren[26], zum anderen haben die viel beschworene „Gerechtigkeit" und damit die Erfolgswertgleichheit jeder Stimme spätestens dann ein Ende, wenn man die Auswirkungen der Wahl wie die Koalitionsbildung einbezieht. „The assumption of the PR protagonists is that in this bargaining, each party's power is equivalent to its seats in parliament. Unfortunately, this is rarely (if ever) so" (Johnston 1984: 65). Als Beispiel sei nur auf die langjährige Position der FDP in der Bundesrepublik als „Zünglein an der Waage" verwiesen. Deren Gewicht hat zweifellos ihren Stimmenanteil (und auch ihren Mandatsanteil) bei weitem überstiegen. Eine unidirektionale Verbindung von der Verhältniswahl zu einem buntscheckigen Vielparteiensystem lässt sich ebenfalls kaum nachweisen (vgl. Deutschland, Österreich). Lediglich ein gewisses Ansteigen der effektiven Zahl der Parlamentsparteien[27] beim Übergang vom Mehrheits- zum Verhältniswahlrecht scheint empirisch halbwegs gesichert zu sein (Rae 1971, Lijphart 1994).

Was bedeutet nun diese Ansammlung von „Wenns" und „Abers" für die Validität des antithetischen Repräsentationsmodells? Ist es hinfällig, weil die möglichen Auswirkungen der Wahlsysteme so sehr von den sozio-politischen Kontextfaktoren überstrahlt werden, dass isoliert getroffene Aussagen einem Vabanque-Spiel gleichen? Sicher läuft man Gefahr, mit einer auf das Wahlverfahren begrenzten Betrachtung und einer monokausalen Projektion auf andere Variablen des politischen Systems Schiffbruch zu erleiden. Entscheidend aber ist, dass der tief greifende Unterschied in den Zielvorstellungen der beiden Repräsentationsprinzipien sowie der Gegensatz in deren Hauptfunktionen (Konzentration versus Repräsentation) von solchen Einschränkungen unberührt bleiben.

---

[26] Zu einer Verschiebung tragen die Verrechnungsmethoden (siehe Kap. 2.5 ) und natürliche Sperren bei, aber auch elitenzentrierte Methoden der Kandidatenselektion.

[27] Zur statistischen Messung der effektiven Zahl von Parteien siehe Anhang.

## 1.2. Repräsentationsprinzipien im Lichte des politischen Systems der EU und der Europawahlen

Die oben entwickelte Konzeptualisierung erleichtert nun in erheblichem Maße die Aufgabe, eine Aussage darüber zu treffen, welches Repräsentationsprinzip den spezifischen Bedingungen des EP gerecht wird. Diese entspringen den Charakteristika des politischen Systems der EU, in welches das EP eingebettet ist und die daher einer Erläuterung bedürfen.

Die Ausprägung des europäischen Zusammenschlusses lässt sich mit tradierten staats- und völkerrechtlichen Begriffen sowie gängigen politikwissenschaftlichen Theorien nur unzureichend erfassen. Die EU ist weder ein Staat, weil ihr entscheidende Merkmale nationaler Souveränität wie eine genuin eigene Außen- und Verteidigungspolitik fehlen und weil die Mitgliedstaaten die „Herren der Verträge" sind, noch eine bloße internationale Organisation, da die supranationale Gesetzgebung ihres eigenständigen institutionellen Apparates verbindlichen Charakter hat. Die Eigentümlichkeit des Gebildes wird in der Literatur mit der Bezeichnung als Polity „sui generis" (etwa Eising / Kohler-Koch 1999a: 3) gewürdigt.

Sie bildet den Ausgangspunkt für die der Governance-Forschung zuzuordnende Klassifizierung der EU als Mehrebenensystem. Danach haben wir es mit der komplexen, nicht-hierarchischen Interaktion einer Vielzahl von staatlichen Akteuren unterschiedlicher Ebenen, vor allem aber auch von privaten Interessenorganisationen zu tun, die in hoch organisierten Subsystemen (die so genannten „Netzwerke", vgl. Kohler-Koch 1999) einen problemlösungsorientierten Politikansatz verfolgen und kollektiv gültige Entscheidungen treffen. Die damit verbundene funktionale Segmentierung findet Ausdruck in der technischen Natur der Gesetzgebung, die zumeist regulativen Charakter hat. Die Beteiligten sind zugleich autonom und wechselseitig voneinander abhängig. Sie sind Teil eines Verhandlungssystems, das auf dem Konsensprinzip basiert: Strikte Mehrheitsentscheidungen würden der Funktionslogik des „bargaining" zuwiderlaufen.

Klassische Machtstrukturen lassen sich nur schwer auf das Mehrebenensystem der EU anwenden. Bestes Beispiel dafür ist die Europäische Kommission, die wesentlich unabhängiger ist als andere Exekutiven, aber kaum die Aufgaben einer

Regierung wahrnimmt, sondern als „political entrepreneur“ (Kohler-Koch 1999: 18), als Moderator und Aktivator fungiert. Die EU hat mithin die Struktur einer „governance without government“.

Wo kein Platz für eine Regierung ist, fehlt aber auch ein ebensolcher für eine Gegenkraft. Das ist die Kehrseite dieses offenen Systems: Es bietet zwar ehemals ausgeschlossenen Akteuren neue Chancen zur Teilhabe, erlaubt aber kaum eine systemimmanente Opposition. “Even minor, issue-orientated grievances turn themselves against the system itself. Policy-orientated opposition is transformed into systemic opposition, a very dangerous phenomenon” (Neunreither 1998: 439; vgl. Bogdanor 1989, Ipsen 1972: 336).

Legitimationstheoretisch stützt sich das Mehrebenensystem der EU auf seine Output-Effizienz. „The consent of societal organisations is a welcome substitute for democratic legitimacy” (Eising / Kohler-Koch 1999b: 270). Argumentiert man jedoch nicht funktional-reduktionistisch, bröckelt die Legitimationsbasis, zumal die Instrumente der verschiedenen Akteure zur Herstellung, Durchführung und Kontrolle von politischen Entscheidungen immer mehr „verschmelzen“ (Wessels / Diedrichs 1997). Dadurch sinkt der Grad an Zurechenbarkeit.

Grundsätzlich lässt sich eine ganze Reihe struktureller Probleme auflisten, welche die mangelnde Demokratiefähigkeit der EU illustrieren: So nennt Höreth (1998) das Nicht-Vorhandensein eines europäischen Demos, den Mangel an Homogenität und intermediären Strukturen, die Größenordnung der europäischen Polity und den Charakter der EU als Experto- und Technokratie. Um den defizitären Zustand zu überwinden, werden viele mögliche Lösungen diskutiert, die sich zwischen zwei Polen bewegen: einer Renationalisierung der Politikgestaltung und einer konsequenten Parlamentarisierung der EU (Transformation in einen Bundesstaat). Erstere würde zwar die Legitimationsstränge verkürzen, aber angesichts der zunehmenden Internationalisierung sozialer, ökonomischer und politischer Fragestellungen kontraproduktiv sein; Zweitere rückt das Europäische Parlament und seine Rolle im politischen System der EU in den Blickpunkt.[28]

Die Verfechter der föderalen Idee wollen das EP zu einem vollen legislativen Organ ausbauen und es als gleichwertiges, direkt durch die Bürger legitimiertes Organ in

---

[28] Unter den neueren Publikationen, die sich ausführlich mit dem EP und seiner Verortung im EU-Kontext befassen, sei auf Judge / Earnshaw (2003) verwiesen.

einem Zwei-Kammer-System etablieren. Der Charme dieses Ansatzes liegt in dem Ideal eines vereinten Europas und der Übertragung eines bundesstaatlichen Modells, das sich auch in segmentierten Gesellschaften bewährt hat. Auf der anderen Seite ignoriert diese Sicht die nach wie vor konstitutive Rolle der Nationalstaaten und das bereits erwähnte Fehlen von transnationalen Strukturen und europäischer Bewusstseinsbildung. Aus dieser Perspektive heraus wäre vor übereiltem institutionellen Reformeifer, der nicht mit den gesellschaftlichen und politischen Realitäten korrespondiert und der nationalstaatliche Arrangements ohne die notwendigen Anpassungen transferiert, zu warnen.[29] Diese Bedenken haben nicht zuletzt die Verfassungsdiskussion der EU wesentlich geprägt und dafür gesorgt, dass im Entwurf des Europäischen Konvents und erst recht im Brüsseler Kompromiss der Staats- und Regierungschefs ein systemverändernder Quantensprung ausgeblieben ist.

Der Vorzug des hier verfolgten Ansatzes liegt darin, dass er die Frage, wie viel Parlamentarisierung die EU je nach Standpunkt dringend benötigt oder gerade noch verträgt, durchaus vernachlässigen kann. An dieser Stelle ist lediglich zu prüfen, inwieweit die Rolle, die dem mittlerweile mit signifikanten, aber im Vergleich zu nationalen Volksvertretungen weiterhin unterentwickelten Kompetenzen ausgestatteten Europäischen Parlament im System „sui generis“ zufällt, mit den Repräsentationsprinzipien Mehrheitswahl und Verhältniswahl vereinbar ist.

Zunächst lässt sich feststellen, dass die direkte Wahl eines an der Politikproduktion beteiligten EP ganz allgemein legitimitätsstiftenden Charakter hat[30]. In der unübersichtlichen Gemengelage der europäischen Player ist das EP das einzige Organ, das sich direkt auf ein Mandat der Bürger berufen kann. Es bietet ein Forum für die Artikulation aller im europäischen Kontext vorhandenen Interessen und trägt zu einer demokratischen Abstützung der auf der EU-Ebene zu treffenden

---

[29] Vgl. schon Kohler (1978), ähnlich Kielmansegg (1996), Denecke (1997), Kohler-Koch (1999), Ovey (1999). Richter (1985: 751) betont den fragwürdigen Charakter einer Volksherrschaft ohne Volk: „Wenn dem parlamentarischen Kampf um Kompetenzen nicht die politische Einsicht der europäischen Öffentlichkeit entspricht, dass damit für die Etablierung einer auf sie selbst bezogenen parlamentarischen *Volksherrschaft* gestritten wird, läuft das kompetenzorientierte Selbstverständnis des Europäischen Parlaments demokratietheoretisch ins Leere“ (Hervorhebung im Original).

[30] Zu den Argumenten für (und wider) die Direktwahl vgl. den historischen Kontext in Kap. 3.1.

Entscheidungen bei[31]. Dies ist deshalb besonders wichtig, weil im funktional dominierten europäischen Mehrebenensystem ein traditioneller Bias zugunsten von wirtschaftsorientierter Elitenkooperation besteht: „The heavenly chorus sings with a strong upper-class accent“[32]. Da im Europäischen Parlament ein diskursiver, transnational geprägter Willensbildungsprozess stattfindet[33], kann es am ehesten dazu beitragen, andere, nicht weniger repräsentative Bedürfnisse zu Gehör zu bringen. Besonderes Gewicht erhält die legitimatorische Abstützung durch das Europäische Parlament, wenn der Rat mit qualifizierter Mehrheit entscheidet[34]: Dann vermittelt das Mehrheitsvotum des EP einer gesetzlichen Norm in jenen Ländern, die im Ministerrat überstimmt worden sind, ein Mindestmaß an Legitimität.

Obschon das EP also nach dem Mehrheitsprinzip verfährt, macht dieses nicht die fundamentale Logik der europäischen Volksvertretung aus. Dafür lassen sich mehrere Gründe anführen: Erstens entfällt die klassische Aufteilung in Regierung und Opposition. Zweitens sind die vertraglich festgelegten Mehrheitshürden für die Abstimmungen in der Regel recht hoch, um die legitimierende Wirkung zu steigern. Vor dem Hintergrund von parlamentarischen Kräfteverhältnissen, bei denen eine absolute Mehrheit einer einzigen transnationalen Fraktion bisher niemals aufgetreten ist, ergibt sich der Zwang zu Koalitionen, mithin zu Kooperation und Konsens. Eng damit verbunden ist drittens die psychologische Variante dieses Arguments. Die tendenzielle Nicht-Beachtung des Parlaments durch die anderen Akteure hat für dieses einen „institutionellen Imperativ“ geschaffen[35]. Ein heillos zerstrittenes Parlament, so die einfache Überlegung, habe weniger Chancen, ernst genommen zu werden als eines, das mit vereinten Kräften agiere. Viertens schließlich strahlt der allgemein nicht-hierarchische, konsensuale, problemlösungs-orientierte und technisch-regulative Charakter der politischen Prozesse auf der EU-

[31] Das erkennt auch das ansonsten eher integrationsskeptische Maastricht-Urteil des BVerfG 89, 155 (1993) an.
[32] Schattschneider, zitiert nach: Kohler-Koch / Eising (1999a: 13).
[33] Als Beleg mögen schon die Strukturierung des Parlaments nach transnationalen Fraktionen (also eben nicht nach nationalen Delegationen) sowie das in der Regel europäische Selbstverständnis der Abgeordneten gelten, die mit einem freien, von Weisungen unabhängigen Mandat ausgestattet sind (Art. 3 DWA).
[34] Dies tut er allerdings trotz der inzwischen erweiterten rechtlichen Möglichkeiten selten: Das funktionell dem Mehrebenensystem adäquate Konsensprinzip hat seine Vorrangstellung behalten.
[35] Vgl. Ovey (2001: 94).

Ebene auf das EP ab. Auch wenn ein Teil der Abgeordneten hoffen mag, dass die Mehrebenenstruktur eines Tages einem parlamentarischen System klassischer Prägung weiche, kommen die Mandatsträger – wenn sie effektiv und verantwortlich mitgestalten wollen – gegenwärtig nicht umhin, sich der Funktionslogik der EU zu stellen. Die beschriebene Konditionierung findet Ausdruck in der Selbstorganisation des EP als Arbeitsparlament, das seine Aufgaben vornehmlich mittels der spezialisierten Ausschüsse erledigt. In diesen werden die Handlungsträger anderer Institutionen und Organisationen sowie unabhängige Experten schon früh in den Politikformulierungsprozess einbezogen.

Lassen diese Überlegungen nun ein Urteil darüber zu, ob die Wahlen zum EP nach den Grundsätzen von Mehrheitswahl oder Verhältniswahl stattfinden sollten? Die Frage ist schon deshalb zu bejahen, weil das zentrale Argument für die Mehrheitswahl, nämlich eine stabile Regierung zu ermöglichen, nicht zum Zuge kommt. Zum einen füllt die Europäische Kommission wie erwähnt gar nicht die zentralen Regierungsfunktionen aus, zum anderen ist sie trotz der erheblichen Kontrollrechte des EP nicht in ähnlicher Weise von parlamentarischer Einzelfall-Unterstützung abhängig wie die Exekutive in den meisten nationalstaatlichen Demokratien. Selbst ein überzeugter Anhänger der Mehrheitswahl wie Maurice Duverger kommt zu dem Schluss, dass in einem Regierungssystem ohne direkte Abhängigkeit der Regierung vom Parlament die Verhältniswahl vorzuziehen sei (Duverger 1984).

Darüber hinaus greifen weitere Vorzüge der Mehrheitswahl in EWK in der EU-25 nicht. Bei einer Parlamentsgröße von gegenwärtig 732 Abgeordneten bei 450 Millionen Einwohnern wären die EWK so groß bzw. bevölkerungsreich, dass von einer persönlichen Beziehung des Abgeordneten zu seinen Wählern kaum noch gesprochen werden könnte (vgl. Plant / Steed 1997: 7)[36]. Hinzu kommt im Falle einer geringen Zahl großer EWK ein überdimensionaler Konzentrations- und Verzerrungseffekt. Mit anderen Worten: Große nationale Parteien drohen unverhältnismäßig bevorzugt zu werden, wohingegen weite Bevölkerungskreise überhaupt nicht im Parlament vertreten wären (Zuleeg 1972: 7). Dergestalt von europäischer Repräsentation ausgeschlossene Gruppen könnten geneigt sein, auf

[36] Die sehr großen EWK in Indien und den USA entkräften dieses Argument nicht. Erstens geht dort die Persönlichkeitsbindung genauso verloren, wie das in Europa der Fall wäre, und zweitens bauen die überdimensionalen Wahlkreise dort auf einer Tradition auf, die es in den Mitgliedstaaten der EU nicht gibt.

nationaler Ebene gegen die Integration mobil zu machen. Auch die dem Mehrheitswahlrecht eigene Tendenz, leichte Schwankungen in der öffentlichen Meinung bei der Umsetzung in Parlamentssitze überproportional abzubilden, scheint angesichts der besonders wichtigen Kontrollfunktionen des EP unpassend: Gewissenhafte Kontrolle verlangt Kontinuität (Birke 1961: 113).

Fast noch gravierender als diese auf die mechanischen Wirkungen abzielenden Gründe sind die prinzipiellen Einwände gegen die Mehrheitsregel, für deren Funktionieren auf der europäischen Ebene die Voraussetzungen nicht erfüllt sind[37]. Weder haben wir es in der EU mit einer Gleichheit der Lebensumstände zu tun, noch herrscht ein politischer Grundkonsens der Bevölkerung in Bezug auf die Mehrheitsregel – zumindest nicht über die nationalen Grenzen hinweg. Es liegt auch keine eindimensionale Cleavage-Struktur vor. Vielmehr bilden die Völker der Europäischen Union gemeinsam eine „difficult society" (Sartori 1994: 73) – sofern man überhaupt von *einer* Gesellschaft sprechen will. Damit zentrifugale Kräfte das fragile Gleichgewicht dieser Struktur nicht zerstören, sind proportionale Repräsentation und konsensorientierte Politik geradezu konstitutiv.

Der Ansatz, das „richtige" Repräsentationsprinzip für das EP über die bei den Wahlen zu den nationalen Parlamenten der EU-25 geltenden Wahlsystemgrundtypen herzuleiten, führt ebenfalls zur Verhältniswahl: Nur in Großbritannien und Frankreich wird nach dem relativen bzw. absoluten Mehrheitswahlrecht gewählt, in allen anderen Mitgliedstaaten kommen Formen der Verhältniswahl zur Anwendung[38] oder zumindest Wahlsysteme, die im Sinne der proportionalen Repräsentation eine mehr oder weniger deutliche Abschwächung der verzerrenden Mehrheitswahleffekte intendieren[39]. Die Einführung der Mehrheitswahl würde in einer beträchtlichen Zahl von Ländern eine nicht durch zwingende Gründe gerechtfertigte Umgewöhnung erfordern, zudem in

---

[37] Vgl. im Detail Nohlen (2004a: 148), der auf bereits von Alexis de Tocqueville benannte Merkmale zurückgreift.

[38] Nohlen (2004a: 151) erklärt den Siegeszug der Verhältniswahl als Repräsentationsprinzip in den meisten westlichen Demokratien mit dem erhöhten Komplexitätsgrad der Entscheidungsfindung. Ähnlich wie in modifizierter Form auf der europäischen Ebene wird dieser Entwicklung in den Nationalstaaten nicht nur durch das Wahlrecht, sondern auch durch die Etablierung von Verhandlungssystemen und Konsultationsmechanismen sowie durch eine gestiegene Konsensorientierung Rechnung getragen.

[39] In diese Kategorie fallen die kompensatorischen Systeme in Italien und Ungarn sowie das segmentierte System Litauens.

traditionellen Verhältniswahl-Ländern bisher unbekannte Schwierigkeiten der Wahlkreiseinteilung auslösen und schwerwiegende rechtliche Probleme überall dort aufwerfen, wo die proportionale Repräsentation in der Verfassung verankert ist (vgl. Nohlen 2004a: 135).

Die Bedenken gegen die Verhältniswahl, die in der Furcht vor einer disfunktionalen Parteienzersplitterung kulminieren, lassen sich zerstreuen. Zugegeben, die Zahl von derzeit 153 nationalen Parteien im EP[40], dessen Mandate mittlerweile alle auf Grundlage der Verhältniswahl vergeben werden, klingt inakzeptabel groß. Betrachtet man aber die Zahl der transnationalen Fraktionen im Parlament und vergleicht diese mit der Parteienzahl in ausgesuchten Parlamenten der Mitgliedsländer, ergibt sich ein anderes Bild (Tab. 1).

Die Zahlen weisen aus, dass sich das Europäische Parlament mit Blick auf seinen Fragmentierungsgrad in bester Gesellschaft anderer Volksvertretungen in Europa befindet. Und niemand wird ernstlich behaupten, dass die Zersplitterung etwa in Belgien oder Finnland den Bestand der Demokratie bedrohe und deshalb die Einführung des Mehrheitswahlrechts erforderlich mache. Natürlich ist eine Fraktion im EP mit Abgeordneten völlig unterschiedlicher Provenienz schwieriger zu integrieren als eine kleine weltanschauliche Partei in einem beliebigen Mitgliedsland. Diese Integrationsarbeit, die der transnationale Charakter der EU zwingend erfordert, kann den Akteuren aber kein Wahlrecht abnehmen. Durch ein Mehrheitswahlrecht ließe sich die Zahl der Parteien im Parlament zweifellos erheblich reduzieren. Auch die Zahl der Fraktionen dürfte unter acht liegen. Ein homogenes Zweiparteiensystem, wie es die Mehrheitswahl hervorbringen soll, ergäbe sich aber schon deshalb nicht, weil ein transnationaler Interessenausgleich weiterhin erforderlich bliebe. Ob das Europäische Parlament eine produktive Tätigkeit entfaltet, hängt also nur sehr begrenzt von der Zahl der Parteien und Fraktionen ab. Entscheidend sind die Fähigkeit und der Wille der Abgeordneten zu Kompromiss und Konsens.

---

[40] Diese Summe schließt alle nationalen Listen und Listenverbindungen ein, die Parlamentssitze errungen haben. Würde man bei der Addition anstatt der Listenverbindungen die sich dahinter verbergenden Einzelparteien berücksichtigen, wäre die Zahl sogar noch höher.

Tab. 1: Fragmentierung des EP und ausgesuchter nationaler Parlamente nach politischen Gruppierungen

| Land / Parlament | Jahr | Zahl der Parteien / Fraktionen im Parlament | Effektive Zahl der Parteien / Fraktionen im Parlament |
|---|---|---|---|
| EP[41] | 2004 | 8 | 4,2 |
| Belgien | 1999 | 10 | 7,0 |
| Dänemark[42] | 2001 | 8 | 4,5 |
| Finnland | 2003 | 9 | 4,9 |
| Niederlande | 2003 | 9 | 4,7 |

Schließt man sich in diesem Zusammenhang dem Ansatz von Gabel (1998) an und interpretiert die EU im Sinne der Terminologie von Arend Lijphart als „consociational democracy", führt der Weg wiederum zur Verhältniswahl. Lijphart selbst hat in seinen wegweisenden Arbeiten zu den Funktionsbedingungen der Demokratie in segmentierten Gesellschaften eine proportionale Repräsentation als ein wesentliches Kriterium identifiziert[43]. So überrascht die eigene Feststellung der MEP kaum, dass das Europäische Parlament „seine Repräsentationsfunktion dann am wirksamsten erfüllen kann, wenn in ihm die vielfältigen (...) Strömungen der Völker der Gemeinschaft im Verhältnis ihrer zahlenmäßigen Stärke vertreten sind" (Bocklet-Bericht 1985: Erwägungsgrund O).

---

41 Zahl der Fraktionen inklusive Gruppe der fraktionslosen Abgeordneten.
42 Zahl der Parlamentsparteien ohne die faröerischen und grönländischen Parteien.
43 Vgl. z.B. Lijphart (1984).

# Kapitel 2:
# Ausgewählte Aspekte der Wahlsystematik

Bei der Gegenüberstellung der Repräsentationsprinzipien musste aus Gründen der Klarheit eine erhebliche Vereinfachung in Kauf genommen werden. Natürlich gibt es in der Realität kaum „die“ Mehrheitswahl oder „die“ Verhältniswahl, am allerwenigsten im komplizierten Gebilde der EU. Hier sollen nun weitere Elemente der Wahlsystemgestaltung vorgestellt werden, die eine Differenzierung erlauben. Die notwendigerweise recht technische Darstellung sollte zwei zentrale Gesichtspunkte nicht in Vergessenheit geraten lassen: Zum einen ist zu berücksichtigen, dass die Elemente nicht nur unmittelbare mechanische, sondern auch langfristige psychologische Konsequenzen haben[44]. Wähler, Parteien und Kandidaten antizipieren die Wirkungsweise der Wahlsysteme und verhalten sich entsprechend. Zum anderen sei daran erinnert, dass letztlich nur die Gesamtschau eines Wahlsystems, also die fallspezifische Kombination der Einzelregelungen, eine schlüssige Bewertung erlauben: Das gleiche Element kann in einem Wahlsystem dessen innerer Kohärenz dienlich und in einem anderen völlig deplatziert sein.

Von „ausgewählten“ Aspekten ist in der Überschrift zunächst einmal aufgrund der Ergebnisse des Kapitels 1.2 die Rede. Die folgenden Erläuterungen werden demnach Wahlsystemtypen, die sich ausschließlich oder vorrangig auf das Repräsentationsprinzip Mehrheitswahl beziehen, aussparen: Das betrifft die relative und die absolute Mehrheitswahl im EWK und deren zahlreiche Abwandlungen genauso wie die Mehrheitswahl in kleinen Wahlkreisen (inklusive dem System der nicht-übertragbaren Einzelstimmgebung und dem System der beschränkten Mehrstimmgebung) und das Grabenwahlsystem. Die zugehörigen Muster der Wahlbewerbung und Stimmgebung (wie die Stichwahl in einem zweiten Wahlgang) spielen ebenfalls keine Rolle[45]. „Ausgewählt“ ist die Darstellung auch deshalb, weil es im Rahmen dieser Arbeit nicht möglich ist, alle denkbaren

[44] Das Begriffspaar „mechanisch-psychologisch“ stammt von Duverger (1959). Rae (1971) bezeichnet das gleiche Phänomen mit „proximal and distal effects“.

[45] Umfassende systematische Überblicke sind in der neueren Literatur leicht zugänglich – zum Beispiel in knapper Form in den Arbeiten von Blais / Massicotte (1996), Norris (1997), MacGee (2000) oder ausführlich in den Standardwerken von Nohlen (2004a) und Farrell (2001).

technischen Ausprägungen, ja noch nicht einmal alle derzeit in Gebrauch befindlichen, ausführlich darzustellen. Daher erfolgt eine Beschränkung auf die gängigsten und für die Ausführungen zum Europawahlrecht wichtigen Merkmale.

## 2.1. Wahlsystemtypen

Die ***Verhältniswahl im Einheitswahlkreis*** kommt dem Ideal proportionaler Repräsentation am nächsten. Sie wird auch als reine Verhältniswahl bezeichnet, weil sie auf eine Wahlkreiseinteilung verzichtet und daher rührende Disproportionalitäten ausschließt. Die Mandate werden also nach dem nationalen Stimmenergebnis an die (in der Regel starren) Listen vergeben. Eine mechanische Verzerrung kann höchstens aufgrund der Verrechnungsmethode erfolgen oder aufgrund der Parlamentsgröße (in den Niederlanden hat die „Tweede Kamer" 150 Mitglieder, so dass schon 0,67 Prozent der Stimmen zur Erlangung eines Mandats ausreichen). Da Sperrklauseln dem ursprünglichen Ideal des Repräsentationsprinzips Verhältniswahl widersprechen, sind sie in diesen strikten Systemen wenn überhaupt nur in sehr geringer Höhe anzutreffen: In Israel etwa beläuft sie sich auf 1,5 Prozent. Die herausragende Stellung der Repräsentationsfunktion macht die reine Verhältniswahl vor allem für extrem heterogene Länder mit ausgeprägten gesellschaftlichen Konflikten attraktiv (Nohlen 2004a: 193).

Die ***Verhältniswahl in variablen Mehrpersonenwahlkreisen*** ist ein häufig angewandter Typ (so in Spanien und Portugal), der zumeist weder eine sehr proportionale noch eine sehr parteienkonzentrierende Wirkung auf nationaler Ebene hervorbringt, weil ein Konzentrationseffekt in den kleinen Wahlkreisen bei einer nahezu proportionalen Verteilung in den großen Wahlkreisen zu erwarten ist. Entscheidend für die Charakterisierung im Einzelfall sind die durchschnittliche Größe der Wahlkreise sowie deren Aufteilung. Grundsätzlich eignet sich die Verhältniswahl in variablen MPWK zur Integration regional pluralistischer Gesellschaften, weil sie einerseits die Repräsentation von Parteien mit starker lokaler Unterstützung, andererseits aber auch die Mehrheitsbildung erleichtert. Probleme wirft das Wahlsystem dann auf, wenn die Inhomogenität der Wahlkreiseinteilung Hochburgenparteien übermäßig bevorzugt und damit den Gleichheitsgrundsatz in Frage stellt (Jesse 1992: 191).

Der Prototyp der ***personalisierten Verhältniswahl***, aber nicht deren einzige Variante, ist das bundesdeutsche Wahlsystem. Es kombiniert mit Hilfe einer Zweistimmgebung (siehe Kap. 2.4) die Direktwahl der Hälfte der Abgeordneten in EWK mit einer proportionalen Verteilung der Mandate auf nationaler Ebene (Einheitswahlkreis mit Sperrklausel)[46]. Alle Mandate, die eine Partei auf Bundesebene ihrem prozentualen Ergebnis entsprechend errungen hat (Zweitstimmen), werden den zugehörigen Landeslisten gemäß deren Anteil an der Gesamtstimmenzahl der Partei zugesprochen. Davon werden die in dem betreffenden Bundesland errungenen Direktmandate abgezogen, um zu ermitteln, wie viele Sitze noch über die Landesliste vergeben werden. Um es deutlich zu sagen: Die Direktwahl hat im Normalfall nur eine Bedeutung für die interne Fraktionszusammensetzung, nicht aber für das parteipolitische Erscheinungsbild des Parlaments[47]. Eine Ausnahme von diesem Grundsatz bilden die so genannten Überhangmandate. Sie entstehen, wenn eine Partei in einem Bundesland über die Direktwahl mehr Mandate erzielt, als ihr nach dem Ergebnis ihrer Landesliste zustehen. Da für die Kräfteverschiebung kein Verhältnisausgleich erfolgt, entsteht ein gewisser Widerspruch zum Gleichheitsgrundsatz[48].

Unter dem Begriff der ***kompensatorischen Verhältniswahl*** werden die Systeme zusammengefasst, die Sitze auf mehreren Ebenen vergeben, um mögliche Verzerrungen auf der unteren Ebene zu korrigieren. Sie sind recht komplex, können dafür aber einen doppelten Vorteil ins Feld führen: „Two tier-districting is a particular attractive way of combining the advantage of close representative voter contact in low-magnitude districts with the greater proportionality of high-magnitude districts" (Lijphart 1994: 145) [49]. Dabei bestehen auf der unteren Ebene zumeist MPWK (siehe Kap. 2.2). Die Kompensation auf der nächsten bzw. den nächsten Ebenen kann – möglicherweise eingeschränkt durch künstliche Sperrklauseln – auf zwei Arten erfolgen: Bei der Technik der

---

[46] Nohlen (2004a: 194) betont, dass die personalisierte Verhältniswahl durch diese Kombination von Elementen alle drei Hauptfunktionen eines Wahlsystems – Repräsentation, Konzentration und Partizipation – erfüllt.

[47] Insofern ist das deutsche Wahlsystem kein „Mischwahlsystem", wie irrtümlicherweise häufig angenommen wurde. Nohlen (2004a: 261f) gibt einen Überblick über das erstaunliche Ausmaß der Fehleinschätzungen in der Literatur.

[48] Vgl. ausführlich die Diskussion bei Bücking (1998) sowie bei Nicolaus (1995).

[49] Auch der umgekehrte Fall ist denkbar: Bei der verstärkten Verhältniswahl (Griechenland) wird der Proporz durch die Vergabe von Mandaten auf höheren Ebenen abgeschwächt.

Reststimmenverwertung werden wie in Österreich die in den Wahlkreisen noch nicht in Mandate umgesetzten Stimmen auf regionaler Ebene akkumuliert[50] und dann an die Parteien vergeben. Die Zahl der kompensatorischen Mandate steht im Vorhinein nicht fest. Sie hängt von der Stimmenverteilung in den Wahlkreisen ab. Dagegen sehen Wahlsysteme wie das dänische eine feste Anzahl kompensatorischer Sitze vor. Die Zuteilung erfolgt dabei ähnlich wie im System der personalisierten Verhältniswahl: Zunächst werden die landesweit erzielten Stimmen verrechnet. Um zu ermitteln, wie viele kompensatorische Sitze eine Partei erhält, sind dann von der Zahl der ihr nach nationalem Ergebnis zustehenden Sitze die bereits in den Wahlkreisen errungenen Mandate abzuziehen.

Das System des ***Single Transferable Vote*** ist sowohl ein Modus der Stimmgebung als auch ein eigenes Wahlsystem. Dabei handelt es sich um einen listenlosen Typ, bei dem die Wähler den Kandidaten gemäß ihrer Präferenz Rangzahlen zuordnen können und die Mandate nach Proporz vergeben werden. Da STV wie in Irland eigentlich nur in kleinen Wahlkreisen praktikabel ist[51], scheinen Zweifel an der Zuordnung zum Repräsentationsprinzip Verhältniswahl angebracht. Die Kombination von Wahlkreisen gerader und ungerader Größe (siehe dazu Kap. 2.5) verstärkt jedoch die Proportionalität, weshalb STV cum grano salis zu den Verhältniswahlsystemen gerechnet werden kann. Die zentrale Idee des Systems ist eine drastische Reduzierung der Zahl der nicht verwerteten Stimmen: Wenn jemandes Erstpräferenz nicht zum Zuge kommt, wird seine zweite Wahl berücksichtigt usw.. Bei der Auszählung wird in jedem Wahlkreis eine Wahlzahl ermittelt. Wer sie mit Hilfe der errungenen Erststimmen erreicht, ist gewählt. Die überschüssigen Stimmen der gewählten Kandidaten werden dann gemäß den Zweitpräferenzen anteilig auf die verbliebenen Kandidaten verteilt. Reicht dies nicht aus, um alle Mandate des Wahlkreises zu vergeben, wird der Kandidat mit den wenigsten Stimmen eliminiert, wobei die Zweitvoten auf dessen Stimmzetteln wiederum übertragen werden. Dieser Prozess wird fortgesetzt, bis alle Mandate

---

[50] Daher muss auf der Wahlkreisebene notwendigerweise ein Wahlzahlverfahren als Verrechnungsmethode zur Anwendung kommen. Siehe Kap. 2.5.

[51] Der vom Erfinder des STV, Thomas Hare, im 19. Jahrhundert noch vorgesehene Einheitswahlkreis scheint illusorisch. „In short, there is a trade-off in the use of STV. The constituency needs to be large enough to produce as proportional a result as possible (…), but it must not be so large that it makes the voter's job of choosing between candidates impossible" (Farrell 2001: 142).

zugeteilt sind[52]. Das System der übertragbaren Einzelstimmgebung räumt der exakten Artikulation des Wählerwillens und damit der Partizipationsfunktion einen breiten Raum ein. Es fördert die Bildung von Allianzen unter den Parteien, weil diese sich die Zweit- oder Drittpräferenzen der Anhänger eines Konkurrenten sichern wollen. Das ausschließlich kandidatenzentrierte Modell kann aber die innerparteiliche Kohäsion gefährden (siehe Kap. 2.5). Als Nachteile müssen auch die relative Komplexität sowie die fehlende Monotonie des Systems gelten: In Ausnahmefällen ist es möglich, dass einem Kandidaten zusätzliche Erstpräferenzen schaden und nicht helfen[53]. Allerdings treten solche unerwünschten Effekte nur extrem selten auf.

## 2.2. Wahlkreise und Wahlbezirke

Größe meint im Zusammenhang mit den Wahlkreisen nicht etwa die Bevölkerungszahl eines Wahlkreises, sondern die in ihm zu vergebenden Mandate. Denkbar sind Einerwahlkreise, kleine Wahlkreise (2-5 Sitze), mittelgroße Wahlkreise (6-10 Sitze) oder große Wahlkreise (mehr als 10 Sitze). Zudem können die Wahlsysteme nach homogenen (alle Wahlkreise haben die gleiche Größe) und inhomogenen Typen (es liegen im Wahlgebiet Wahlkreise unterschiedlicher Größe vor) unterschieden werden. Lange vernachlässigt, hat die Wahlkreisgröße seit der Arbeit von Rae (1971) die ihr gebührende Beachtung gefunden. Tab. 2 verdeutlicht in Anlehnung an Nohlen (2004a: 86) den Zusammenhang zwischen der Wahlkreisgröße und der Vergabe der Mandate – angewendet auf eine hypothetische Stimmenverteilung und die Methode d'Hondt.

Die Zahlen lassen erahnen, warum die jüngere Forschung der Wahlkreisgröße von allen technischen Elementen den größten Einfluss auf die Proportionalität zumisst (Farrell 2001: 7). Schon Rae (1971: 117) hatte die Regel formuliert, dass mit wachsender Wahlkreisgröße die Proportionalität (mit fallender Rate) ebenfalls ansteigt. Somit ergibt sich eine geringere Zahl verschwendeter Stimmen und eine stärkere Übereinstimmung von Zählwert und Erfolgswert. Diese Gesetzmäßigkeit

---

[52] Das Auszählungsverfahren ist in seinen Details äußerst kompliziert. Es wird anschaulich und mit Beispielen beschrieben bei Nohlen (1978: 313ff) und Farrell (2001: 126ff).

[53] Um solche mathematisch-logischen Widersprüche auszuschließen, haben mehrere Autoren Vorschläge zur Abwandlung des Systems entwickelt. Vgl. Brams / Fishburn (1984), Reeve / Ware (1992) und Dummett (1997).

ist allerdings keine absolute. Wenn eine Partei aufgrund der erhöhten Wahlkreisgröße gerade noch ein weiteres Mandat erhält (die Verteilung also einen Sprung macht), kann die Disproportionalität trotz des größeren Wahlkreises kurzfristig zunehmen. Auch psychologische Effekte können für einen Anstieg der Disproportionalität bei einer Vergrößerung der Wahlkreise sorgen – dann nämlich, wenn eine beträchtliche Zahl von Wählern sich durch die Verringerung der Hürde zur Erlangung parlamentarischer Repräsentation ermutigt sieht, im Gegensatz zur eigenen taktischen Entscheidung bei kleinerer WK-Größe für viele aussichtlose Kandidaten / Parteien zu stimmen, die trotz der wahlsystematischen Erleichterung kein Mandat erzielen.

Tab. 2: Mandatsvergabe bei unterschiedlicher Wahlkreisgröße (Methode d'Hondt)

| | Partei A<br>460 Stimmen<br>46 Prozent | | Partei B<br>400 Stimmen<br>40 Prozent | | Partei C<br>140 Stimmen<br>14 Prozent | |
|---|---|---|---|---|---|---|
| | Mandate | Mandats-anteil | Mandate | Mandats-anteil | Mandate | Mandats-anteil |
| 1er WK | 1 | 100,0 | 0 | 0,0 | 0 | 0,0 |
| 2er WK | 1 | 50,0 | 1 | 50,0 | 0 | 0,0 |
| 3er WK | 2 | 66,6 | 1 | 33,3 | 0 | 0,0 |
| 4er WK | 2 | 50,0 | 2 | 50,0 | 0 | 0,0 |
| 5er WK | 3 | 60,0 | 2 | 40,0 | 0 | 0,0 |
| 6er WK | 3 | 50,0 | 2 | 33,3 | 1 | 16,7 |
| 7er WK | 3 | 42,9 | 3 | 42,9 | 1 | 14,3 |
| 11er WK | 5 | 45,5 | 5 | 45,5 | 1 | 9,1 |
| 16er WK | 8 | 50,0 | 6 | 37,5 | 2 | 12,5 |
| 30er WK | 14 | 46,7 | 12 | 40,0 | 4 | 13,3 |
| 35er WK | 16 | 45,7 | 14 | 41,2 | 5 | 14,3 |

Ein besonders interessanter Aspekt im Hinblick auf die Machtverteilung ergibt sich beim Vergleich kleiner Wahlkreise gerader und ungerader Größe. Während die Wahlkreise mit einer geraden Anzahl von Mandaten der unterlegenen bzw. zweitstärksten Partei einen Vorteil einbringen (im Zahlenbeispiel der Tab. 2 die Partei B im 2er- und 4er-Wahlkreis), profitiert bei einer ungeraden Anzahl von

Mandaten die siegreiche Partei (Partei A im 3er und 5er-Wahlkreis). Im Wahlsystem der übertragbaren Einzelstimmgebung in Irland spielt diese Komponente eine besondere Rolle (siehe Kap. 2.1).

Grundsätzlich lässt sich sagen, dass jedes Wahlsystem, welches nicht einen nationalen Einheitswahlkreis zur Grundlage der Mandatszuteilung macht, mit dem Problem der „gerechten" Aufteilung konfrontiert ist. Da völlige Gleichheit ohnehin nicht existiert, muss „Malapportionment" als normales Phänomen angesehen werden. Die Wahrscheinlichkeit, dass es zu unverhältnismäßigen Verzerrungen kommt, steigt jedoch bei einer Verkleinerung der Wahlkreise genauso wie der Spielraum für Gerrymandering.

Vom Problem der Wahlkreiseinteilung scharf zu trennen ist die Unterteilung des Wahlgebietes in so genannte Wahlbezirke oder Wahlregionen. Wahlbezirke bzw. Wahlregionen sind solche Einheiten, in denen die Parteien unterschiedliche Wahlvorschläge unterbreiten. Sie sind aber im Gegensatz zu Wahlkreisen verbunden, so dass für die übergreifende Mandatszuteilung die Summe der auf alle Wahlvorschläge einer Partei entfallenen Stimmen herangezogen wird (proportionale Verteilung auf nationaler Ebene). Die Resultate für die einzelnen Wahlvorschläge einer Partei sind dann wie bei den Landeslisten im Wahlrecht zum deutschen Bundestag lediglich für die innerparteiliche Zuweisung entscheidend.

## 2.3. Künstliche Sperrklauseln

In Verhältniswahlsystemen kann die Beteiligung einer Partei an der Mandatsverteilung vom Erreichen eines bestimmten Quorums abhängig gemacht werden. Ziel einer solchen Regelung ist es, extreme oder allgemeiner sehr kleine Parteien von der parlamentarischen Repräsentation auszuschließen sowie zentrifugale Tendenzen einzudämmen. Dieser Konzentrationsprozess soll die Funktionsfähigkeit der Volksvertretung gewährleisten. Sperrklauseln existieren in diversen Formen: als prozentuales oder absolutes Quorum (Letzteres ist eher selten), in verschiedenen Phasen des Zuteilungsverfahrens (z.B. regionale oder nationale Sperrklauseln) oder auch als gestaffelte Variante[54].

---

[54] Gestaffelte Sperrklauseln bestehen in zahlreichen osteuropäischen Ländern, um ein Umgehen der Hürde durch Listenverbindungen zu verhindern.

Denkbar sind darüber hinaus Direktmandateklauseln, die für eine Beteiligung an der Zuteilung auf einer höheren Ebene den Gewinn einer bestimmten Zahl von Wahlkreismandaten verlangen. Die Direktmandateklauseln können additiv oder alternativ (wie in Deutschland) mit einer prozentualen Sperrklausel kombiniert werden. Die Einforderung von direkt erzielten Mandaten ist allerdings nicht einsichtig, weil sie lokal konzentrierte Unterstützung für eine Partei gleichheitswidrig bevorzugt (Meyer 1973: 266, Jesse 1985: 365, Bücking 1998). Die prozentuale Sperrklausel dagegen wird gemeinhin als notwendiges Übel akzeptiert. Wirksam – auch im Sinne einer parlamentarischen Vertretung des größtmöglichen Wähleranteils – kann sie vor allem dann sein, wenn sie über den psychologischen Effekt die Zahl der Stimmen für Kleinstparteien und damit das Problem der „wasted votes" gering hält (Nohlen 2004a: 424).

Dennoch bleibt die Höhe der Sperrklausel eine willkürliche Festlegung, die Unbehagen auslöst, wenn sie so hoch ist, dass vom Proporzgedanken kaum noch gesprochen werden kann[55], oder wenn eine Partei sehr knapp an der Klausel scheitert. Problematisch ist eine Sperrklausel auch dann, wenn sie die Regierungsbildung einer Mehrheitskoalition verhindert (Wenner 1984: 304ff).

Taagepera / Shugart (1989: 227) schlagen deshalb vor, das zusätzliche „level of arbitrariness" einer Sperrklausel zu vermeiden und eventuell gewünschte Konzentrationsanreize über die Wahlkreisgröße zu setzen. Der funktionale Zusammenhang, dass sowohl künstliche Sperrklauseln als auch kleine Wahlkreise konzentrationsfördernde Wirkung haben, ist zwar unstrittig. Jedoch ist im Einzelfall zu prüfen, wie sich das jeweilige Element in das Wahlsystem einfügt und ob die Folgerichtigkeit im Hinblick auf das Repräsentationsprinzip gewahrt bleibt.

## 2.4. Wahlbewerbung

Wahlbewerbung meint die Art und Weise, in der sich Parteien und / oder Kandidaten dem Votum des Wählers stellen. Sie ist die Voraussetzung für den jeweils angewandten Typ der Stimmgebung. Die Verhältniswahlsysteme kennen größtenteils, aber nicht ausschließlich eine Wahlbewerbung in Form von Listen. Die einfachste Form stellt die ***starre Liste*** dar, bei welcher der Wähler keine

[55] Im verstärkten Verhältniswahlsystem Griechenlands besteht zum Beispiel eine 17-Prozent-Hürde für die Verteilung der Restmandate auf der nationalen Ebene.

Möglichkeit hat, die von der Partei vorgegebene Reihenfolge der Kandidaten zu ändern. Dadurch entziehen sich die Bewerber auf den oberen Listenplätzen einer reellen Sanktionsmöglichkeit. Das einseitige Selektionsverfahren zwingt den Wähler also, mit einem Votum für seine Partei möglicherweise das „Pferd des Caligula“ in Amt und Würden zu heben (Mitchell 2000: 348). Auf der anderen Seite erlaubt die Nominierungsmacht den Parteien, Geschlechterquoten, Minderheiten und Experten bei der Fraktionsplanung zu berücksichtigen (Bogdanor 1983b: 249), was gerade in segmentierten Gesellschaft vorteilhaft sein kann. Eine moderate Öffnung stellt die ***lose gebundene Liste*** dar, bei welcher die Partei die Liste nur vorstrukturiert und der Wähler die Reihenfolge verändern kann (Präferenzstimmgebung). Die ***freie Liste*** schließlich gesteht dem Wähler zu, seine Präferenzen auf Kandidaten mehrerer Listen zu verteilen. Er kann sich sein parlamentarisches Wunschteam „wie eine Fußballmannschaft“ (Nohlen 1978: 74) zusammenstellen (Kumulieren und Panaschieren).

Ein wichtiger Bestandteil einiger Wahlsysteme ist die Möglichkeit zu ***Listenverbindungen (apparentment)***. Dabei treten zwei oder mehr Listen bei der Wahl als eine gemeinsame Liste an. Die Stimmgebung wird dadurch nicht betroffen, aber im Auszählungsverfahren werden die Stimmen beider Listen gepoolt. Der Sinn solcher Verbindungen ist die Ausschaltung möglicher Hürden, die durch andere Elemente des Wahlsystems aufgebaut werden (Wahlkreisgröße, Sperrklausel). Dies kann für kleine Parteien besonders bei der Vergabe von Mandaten auf mehreren Ebenen hilfreich sein. In einigen Ländern werden solche Listenverbindungen bewusst erlaubt, um einen höheren Proportionalitätsgrad zuzulassen, künstliche Mehrheiten auszuschalten und gleichzeitig integrative Bemühungen im Parteienspektrum zu fördern. Schließlich sind nur solche Parteien „apparentment-tauglich“, die eine gewisse Kompromissfähigkeit an den Tag legen (Katz 1997: 172).

## 2.5. Stimmgebung

Es gibt zwei zentrale Dimensionen, nach denen sich Stimmgebungsmodelle einteilen lassen: kandidatenzentrierte versus parteienzentrierte Systeme und kategorische versus ordinale Modelle. Die erste Trennlinie ist selbsterklärend; der zweite Klassifikationsansatz, der auf Rae (1971: 16ff) zurückgeht, rekurriert auf die

Frage, ob dem Wähler nur eine Entweder-Oder-Präferenz offen steht oder ob er auf dem Stimmzettel Rangfolgen ausdrücken bzw. seine Präferenz splitten kann. Tab. 3 veranschaulicht die Dimensionen der Stimmgebung mit Beispielen in einer Vierfeldertafel.

Tab. 3: Dimensionen der Stimmgebung

| | Kategorische Stimmgebung | Ordinale Stimmgebung |
|---|---|---|
| Kandidatenzentrierte Systeme | Mehrheitswahl im EWK (Großbritannien) | Single Transferable Vote (Irland) |
| Parteienzentrierte Systeme | Starre Liste (Spanien) | Offene Liste (Finnland) |

Quelle: Farrell (2001: 170)

Die im Folgenden vorzustellenden Typen der Stimmgebung lassen sich recht gut in das dargestellte Schema einordnen, auch wenn die Ausprägungen nicht immer in gleichem Maße idealtypisch sind. Beginnen wir mit ***STV (Alternativstimmgebung)***, wie sie im Wahlsystem gleichen Namens in Irland üblich ist[56]. Die Wähler können die Kandidaten ordinal reihen, indem sie Rangzahlen vor die Namen schreiben. So können komplexe und nuancierte Präferenzen zum Ausdruck gebracht werden, weil der Wähler sowohl zwischen Parteien als auch zwischen Kandidaten differenzieren kann. Die Selektion zwischen den Kandidaten ist mit Vorwahlen (primaries) nach amerikanischem Muster zu vergleichen – allerdings mit dem Vorteil, dass die Vorwahl bei STV in die Hauptwahl eingebaut ist. Die Zurechenbarkeit ist in diesem kandidatenzentrierten Modus hoch; so kann der Wähler einen Amtsinhaber

[56] Der Begriff Alternativstimmgebung ist synonym zur übertragbaren Einzelstimmgebung. An dieser Stelle wird Ersterer verwendet, um die Abgrenzung von den anderen Modi der Einzelstimmgebung auch terminologisch deutlich zu machen.

abwählen, ohne der bevorzugten Partei den Rücken zu kehren. Umgekehrt muss ein populärer Abgeordneter nicht unter einer allgemeinen Baisse seiner Partei leiden.

Die Kehrseite der hohen Autonomie des Wählers und der geringen Bedeutung der Wahlvorschläge der Parteiorganisationen ist „the little war about intraparty democracy" (Katz 1997: 215). Der Kampf um die meisten Stimmen der eigenen Wählerschaft konfrontiert die Kandidaten mit dem Problem, die schärfsten Gegner in der eigenen Partei vorzufinden. Das muss der parteilichen Geschlossenheit innerhalb eines Wahlkreises abträglich sein und fördert klientelistische Strukturen. Zudem müssen die Parteien die strategisch „richtige" Zahl von Kandidaten aufstellen. Werden zu wenige Kandidaten nominiert, entstehen für die Partei nicht verwertete Überschussstimmen; werden zu viele nominiert, ist das Ergebnis möglicherweise so auf die einzelnen Kandidaten verteilt, dass die betreffende Partei in Relation zu ihrem Rückhalt in der Bevölkerung schlechter abschneidet[57] [58].

Beim ***Zweistimmensystem***, das bei der personalisierten Verhältniswahl in Deutschland verwandt wird, kann der Wähler mit seiner Erststimme einen Direktkandidaten im EWK wählen und mit der Zweitstimme die Landesliste einer Partei. Damit liegen sowohl Elemente der Personen- als auch der Parteienwahl vor, wobei im deutschen Fall aufgrund des Wahlsystemtyps und der empirischen Wahlverhaltensmotive die Parteienwahl dominiert (Vogel / Nohlen / Schultze 1971: 236)[59]. Da ein Stimmen-Splitting möglich ist, liegt eine (wenn auch schwache) ordinale Form der Stimmgebung vor. Das Splitting ist eine taktische Möglichkeit, als Anhänger einer kleinen Partei einem aussichtsreicheren Wahlkreis-Kandidaten einer anderen Partei zum Mandat zu verhelfen oder als Sympathisant einer großen Partei einem schwächeren Partner die Zweitstimme zum Überspringen der Sperrklausel zu „leihen". Vor dem Hintergrund des Gleichheitsgrundsatzes ist das

---

[57] Aus Sicht der Wähler bedeutet eine solche Situation, dass deren Präferenzen auf der Ebene der Mandatszuteilung möglicherweise nicht mehr übersetzt werden können. Nohlen (2004a: 425) formuliert: „Die technische Gestaltung des Wahlsystems [kann] gegebenenfalls die Partizipationsfreude abstrafen, indem die extreme Differenzierung der Kandidatenpräferenz der Wähler gar nicht verarbeitet werden kann. Viele Stimmen gehen verloren, unter Umständen gelangen Kandidaten mit äußerst geringer Stimmenzahl ins Parlament."

[58] Zur gesamten Thematik des strategischen Verhaltens aus Parteien- und Wählersicht vgl. Cox (1997).

[59] Jesse (1985: 272) stellt fest, dass die Wähler trotz der Personenwahl kaum eine Möglichkeit hätten, die Zusammensetzung des Parlaments zu beeinflussen, weil die Spitzenpolitiker in sicheren Wahlkreisen kandidierten oder einen sicheren Listenplatz bekämen.

Stimmen-Splitting in der Regel unproblematisch, weil es aufgrund der übergeordneten proportionalen Verteilung nicht zu einer Verdoppelung des Stimmgewichts kommt. Dies ist nur durch die Überhangmandate möglich. Absprachen zwischen Parteien könnten zu einer massenhaften Produktion solcher Überhangmandate führen, wodurch der Gleichheitsgrundsatz verletzt wäre. Inwieweit das unterbunden werden könnte, ist umstritten (Hübner 1984: 47f, Meyer 1973: 246ff).

Unter dem Stichwort ***Einzelstimmgebung*** rangiert eine Reihe verschiedener Modelle, bei denen der Wähler jeweils eine Stimme abgeben kann. Zunächst ist die kategoriale Wahl einer Partei im Fall starrer Listen zu nennen. Dabei hat der Wähler verglichen mit allen anderen Modellen die geringste Selektionsfreiheit. Zweitens gehört in die Kategorie der Einzelstimmgebung die Direktwahl im Einerwahlkreis. Die persönliche Auseinandersetzung der Kandidaten wird dabei größer sein als in einem Listensystem[60]. Auch die Zurechenbarkeit und die persönliche Beziehung zwischen Wählern und Abgeordneten ist in diesem kandidatenzentrierten System höher (Mitchell 2000: 342), aber je stärker die strukturierende Rolle der nationalen Parteien wie im britischen Westminster-Modell heraustritt, desto mehr ähnelt dieses Modell der Einzelstimmgebung mit starren Listen. Schließlich gehört auch die ***Präferenzstimmgebung bei lose gebundener Liste*** zur Einzelstimmgebung. Sie ist parteienzentriert, erlaubt aber ein minimales ordinales Element, weil der Wähler innerhalb seiner Parteipräferenz für seinen bevorzugten Kandidaten stimmen kann. Hinsichtlich der empirischen Auswirkungen macht es einen großen Unterschied, ob innerhalb einer Partei diejenigen Kandidaten mit den meisten persönlichen Stimmen gewählt sind (wie in Italien vor den Wahlreformen der neunziger Jahre oder in Finnland) oder ob eine Regelung existiert (wie in Belgien), wonach der Wähler statt eines Kandidaten auch die komplette Liste wählen kann und damit die vorgegebene Reihenfolge erhalten bleibt. Im zweiten Fall haben die Präferenzstimmen eine deutlich geringere Bedeutung (Farrell 2001: 82ff).

***Kumulieren und Panaschieren*** sind ordinale Formen der Stimmgebung, die zum Beispiel bei den Parlamentswahlen in Luxemburg und der Schweiz Anwendung finden. Dabei stehen dem Wähler mehrere Stimmen zur Verfügung – in der Regel

---

[60] Lakeman (1984: 49) beobachtet einen martialischen Wettbewerb: „In each constituency, only one candidate can win; he must strive to 'kill' his opponents".

so viele, wie Abgeordnete im Wahlkreis zu wählen sind. Seine Voten kann er auf die Kandidaten mehrerer Listen verteilen (Panaschieren) oder auf einen oder mehrere Kandidaten häufen (Kumulieren). Dabei sind zumeist Beschränkungen vorgesehen – etwa, dass nicht mehr als zwei oder drei Stimmen auf einen Bewerber kumuliert werden dürfen. Dem Prinzip des Kumulierens ist auch ein Minoritätenschutz eigen, weil eine Minderheitengruppe durch eine Konzentration ihrer Stimmen in der Regel wenigstens einen Kandidaten durchbringen kann. Insgesamt lassen Kumulieren und Panaschieren dem Wähler viel Spielraum, stellen aber zugleich hohe Anforderungen an ihn. Die Gestaltungsmacht der Parteien ist recht gering[61]; im Unterschied zur Alternativstimmgebung wird mit einer Personalstimme jedoch automatisch die zugehörige Partei gewählt. Zudem darf der Wähler bisweilen auf seine Selektionsfreiheit verzichten und kann den „Menüvorschlag" der Partei durch ein einfaches Kreuz für die Liste absegnen (Luxemburg).

## 2.6. Stimmenverrechnung

Um die von den Parteien oder Kandidaten in Proporzsystemen errungenen Stimmen in Mandate umzusetzen, muss man auf Verrechnungsmethoden zurückgreifen, von denen eine beträchtliche Zahl bekannt und in Gebrauch ist[62]. Eine exakte Umsetzung der Stimmenanteile in Mandate kann keine der Formeln leisten. Jede von ihnen kennt mehr oder weniger große Ungereimtheiten[63]. Ihre Bedeutung ist in der Literatur jedoch im Vergleich mit anderen Variablen häufig genauso

---

[61] Besonders das Panaschieren zeichnet sich nicht nur durch die Unvorsehbarkeit der Präferenzartikulation aus, sondern erlaubt auch taktische „Spielchen". So können Sympathisanten der Partei A die Liste der (kleineren) Partei B „köpfen", wenn sie einige Stimmen geschickt an Hinterbänkler der Partei B geben und damit die Wahl der Spitzenkandidaten von B verhindern. Um dem Kontrollverlust der Parteien entgegenzuwirken, hat man in der Schweiz die Möglichkeit des so genannten Vorkumulierens eingeführt: Die Parteien dürfen den gleichen Kandidaten zweimal auf die Liste setzen (Nohlen 1978: 73). Rae (1971) ist dennoch der Meinung, dass man Kumulieren und Panaschieren nur in relativ homogenen Gesellschaften einsetzen sollte, in denen die zentrifugalen Kräfte begrenzt sind.

[62] Zur weltweiten Verbreitung der einzelnen Verfahren vgl. Nohlen (2004a: 107, 111).

[63] Eine verständliche mathematische Einführung bietet das Heft 88 / 1998 der Zeitschrift „Mathematik lehren". In der politikwissenschaftlichen Fachliteratur empfehlen sich die Überblicke bei Farrell (2001: 71ff), Nohlen (2004a: 101ff) und Lijphart (1994: 153ff).

überschätzt worden wie die Unterschiede zwischen ihnen (Rae 1971). Letztlich zielen alle Verfahren auf eine mehr oder weniger proportionale Verteilung ab. Die Unterschiede werden allerdings dann markant und möglicherweise entscheidend, wenn kleine Wahlkreise ohne übergeordnete Verrechnung und / oder eine sehr kleine Gremiengröße vorliegen.

Im Einzelnen sind bei der Verrechnung zwei methodische Ansätze voneinander zu trennen: die Höchstzahlverfahren und die Wahlzahlverfahren. Bei den Höchstzahlverfahren wird für die Liste jeder Partei eine Zahlenreihe erstellt, bei der die ursprüngliche Stimmenzahl durch einen pro Rechenschritt ansteigenden Divisor geteilt wird. Die Mandate werden dann an die Partei mit dem jeweils höchsten Quotienten vergeben. Restmandate können dabei nicht auftreten. Die Höchstzahlverfahren unterscheiden sich untereinander lediglich in der Ausgestaltung der Divisorreihen. Bei der Methode d'Hondt sind dies die natürlichen Zahlen 1,2,3,4,5 usw., bei der Methode Sainte-Laguë die ungeraden natürlichen Zahlen 1,3,5,7,9 usw.. Die Ausgeglichene Methode (auch modifizierte Sainte-Laguë-Methode) ersetzt gegenüber dem ursprünglichen Sainte-Laguë-Verfahren den ersten Divisor 1 durch den Divisor 1,4.

Bei den Wahlzahlverfahren wird eine Wahlzahl (Quorum) ermittelt, die für die Erringung eines Mandates notwendig ist. Diejenigen Stimmen, mit denen im ersten Schritt der Mandatszuteilung keine volle Wahlzahl mehr erreicht werden kann, werden gemeinsam mit den noch verbliebenen Mandaten entweder auf eine höhere Ebene der Mandatszuteilung transferiert oder nach der Methode der größten Überreste[64] an die Listen verteilt. Bei den Wahlzahlverfahren ist die Berechnung der Wahlzahl das für Namensgebung und Auswirkungen entscheidende Faktum (Tab. 4).

---

[64] Diese Vorschrift ist nicht zwingend. Man könnte auch nach dem kleinsten Überrest, dem größten relativen Rest, der Methode des größten Durchschnitts oder nach einem Höchstzahlverfahren vorgehen (Nohlen 2004a: 109f, Bomsdorf 1987). Dies ist aber

Tab. 4: Wahlzahlverfahren

| Name des Verfahrens | Berechnung der Wahlzahl |
|---|---|
| Hare[65] | $\frac{\text{gültige Stimmen}}{\text{Zahl der Mandate im Wahlkreis}}$ |
| Hagenbach-Bischoff | $\frac{\text{gültige Stimmen}}{\text{Zahl der Mandate im Wahlkreis} + 1}$ |
| STV-Droop | $\frac{\text{gültige Stimmen}}{\text{Zahl der Mandate im Wahlkreis} + 1} + 1$ |
| Imperiali | $\frac{\text{gültige Stimmen}}{\text{Zahl der Mandate im Wahlkreis} + 2}$ |

Was ist nun aus den puren Zahlen und Formeln abzuleiten? Jedenfalls nicht, dass entweder die Wahlzahlverfahren oder die Höchstzahlverfahren eine größere Proportionalität garantieren, wie Rae (1971: 104ff) noch vermutete. Vielmehr ist es von den einzelnen Divisoren bzw. Wahlzahlen abhängig, welche Resultate zu erwarten sind. Ein Gesamtranking der Methoden ist nicht ganz unproblematisch, weil die Effekte zum Teil davon abhängen, ob und in welcher Form höhere Ebenen der Stimmenverrechnung vorliegen. Trotzdem lässt sich festhalten, dass bei gleichen Ausgangsbedingungen die Hare- und die Sainte-Laguë-Methode die proportionalste Umsetzung von Stimmen in Mandate erlauben. Dem Vorteil der hohen Proportionalität stehen bei der Hareschen Wahlzahl plus größtem Überrest allerdings eine ganze Reihe von Anomalien gegenüber[66], während bei Sainte-Laguë

abgesehen von Variationen der Verrechnungsmethode in den Systemen mit mehreren Ebenen (z.B. Österreich) wenig gebräuchlich.

[65] Dieses Verfahren entspricht im Ergebnis genau dem für die Bundestagswahlen in Deutschland seit 1985 vorgeschriebenen Hare-Niemeyer-Verfahren. Lediglich das operative Vorgehen differiert.

[66] So kann eine Partei ceteris paribus bei der Verteilung von x Mandaten einen Sitz erhalten, bei der Verteilung von x+1 Mandaten aber leer ausgehen (sog. Alabama-Paradoxon) (Bomsdorf 1987). Hinzu kommt der Verstoß gegen das Unabhängigkeits-, das Sitzzahl- und

lediglich die so genannten Quotenbedingungen nicht eingehalten werden[67]. Die Ausgeglichene Methode nimmt im Proportionalitätsranking ebenso einen Mittelplatz ein wie STV-Droop, das Verfahren nach Hagenbach-Bischoff und die modifizierte Version von Sainte-Laguë. D'Hondt und Imperiali setzen die größten Konzentrationsanreize[68].

---

das Bevölkerungsprinzip (Balinski / Young 1982: 369). Auch ist nicht in jedem Fall garantiert, dass eine Partei mit der absoluten Mehrheit der Stimmen die absolute Mehrheit der Sitze zugesprochen bekommt. Schließlich wird kritisiert, dass das Verfahren nach Hare und größtem Überrest einer künstlich-manipulativen Spaltung von Parteien Vorschub leistet, da diese durch die Aufstellung von zwei Listen zusätzliche Mandate gewinnen können (Lakeman 1970: 92).

[67] Mit den Quotenbedingungen ist gemeint, dass jede Partei, die an der Sitzverteilung teilnimmt, zumindest ihren verhältnismäßigen ganzzahligen Anspruch erhält und höchstens einen Sitz mehr (vgl. Mathematik lehren 88 / 1998: 7)

[68] Diese Einteilung orientiert sich an Lijphart (1994: 159). Wie schwierig eine exakte Festlegung ist und wie anfällig sich ein empirischer Test für den Einfluss anderer Variablen des Wahlsystems erweist, illustriert die Tatsache, dass Lijphart selbst (1986) in einer früheren Untersuchung zu leicht anderen Ergebnissen kam.

# Kapitel 3: Geschichtliche Entwicklung und gemeinschaftsrechtliche Grundlagen

## 3.1. Von den Gründungsverträgen bis zur ersten Direktwahl

Die Idee, ein Europäisches Parlament direkt zu wählen, ist keine Erfindung der sechziger und siebziger Jahre des vergangenen Jahrhunderts. Bereits die paneuropäische Bewegung in der Zwischenkriegszeit forderte eine europäische Volksversammlung; die Föderalisten nahmen den Gedanken beim Haager Kongress 1948 und bei den Diskussionen um die Gründung des Europarates auf. Für die Umsetzung in die politische Wirklichkeit erwies sich das Konzept allerdings (noch) als zu kühn. Anfang der 50er Jahre bereicherte die Montanunion die Anfänge der europäischen Integration um ein neues Modell transnationaler parlamentarischer Repräsentation: Der EGKSV (Art. 21) sah eine Versammlung vor, deren Vertreter von den nationalen Parlamenten entweder zu entsenden oder direkt zu wählen waren. Zwar machte vorerst kein Mitgliedstaat von der zweiten Option Gebrauch, doch die ersten Samen für das zarte Pflänzchen Direktwahl waren ausgesät. Das Scheitern der Pläne zu EVG und EPG, für welche die Ad-hoc-Versammlung ein direkt gewähltes Parlament vorgesehen hatte, bedeuteten allerdings einen herben Rückschlag (Lodge / Herman 1982: 3ff). Und auch in den Verhandlungen, die der Gründung von EWG und EAG vorangingen, konnten sich allzu forsche Stimmen wie die der italienischen Regierung nicht durchsetzen (van den Berghe 1981a: 9). Schließlich einigte man sich darauf, dass die Vertreter der Versammlung aller drei Gemeinschaften zunächst generell gemäß Art. 138,1 EWGV[69] aus den nationalstaatlichen Parlamenten ernannt werden sollten[70]. Die zukünftige Perspektive jedoch war vorgegeben: „Die Versammlung arbeitet Entwürfe für

[69] Im Amsterdamer Vertrag ist eine Renummerierung sämtlicher Artikel vorgenommen worden. Der ehemalige Art. 138 ist nun als Art. 190 bekannt. Hier wird für alle Vertragsartikel folgendes Schema angewandt: Bezieht sich die Textpassage eindeutig auf die Zeit vor 1997, wird die alte Nummerierung herangezogen, für die aktuelle Diskussion dagegen die neue. In Zweifelsfällen wird zur neuen Artikelnummer die alte in Klammern hinzugefügt.

[70] Zur unterschiedlichen Ernennungspraxis der Mitgliedstaaten vgl. Thöne-Wille (1984: 138ff).

allgemeine unmittelbare Wahlen nach einem einheitlichen Verfahren in allen Mitgliedstaaten aus. Der Rat erlässt einstimmig die entsprechenden Bestimmungen und empfiehlt sie den Mitgliedstaaten zur Annahme gemäß ihren verfassungsrechtlichen Vorschriften“ (Art. 138 EWGV, Art. 21 EGKSV, Art. 108 EAGV).

Die Aufgabe, ein solches Verfahren auszuarbeiten, nahm das Europäische Parlament[71] nur zu gerne in Angriff. Bereits 1960 lag ein Entwurf vor, der auf dem so genannten Dehousse-Bericht basierte. Es handelte sich um einen sehr moderaten Ansatz: Ein Drittel der Abgeordneten sollte in einer Übergangszeit noch von den nationalen Parlamenten entsandt werden, die Direktwahl der Abgeordneten sollte nach nationalen Verfahren (und damit nicht einheitlich) erfolgen (Scalingi 1980: 55ff). Eine Entscheidung über das Problem der gleichzeitigen Mitgliedschaft in EP und nationalem Parlament (Doppelmandat), die zwar eine enge Bindung an die mitgliedstaatlichen Legislativen ermöglichte, aber zugleich eine originär europäische Legitimität der MEP in Frage stellte und deren Überlastung Vorschub leistete, sollte ebenfalls erst am Ende der Transitionsphase gefällt werden[72]. Bei der sensiblen Frage der nationalen Mandatskontingente fasste der Entwurf eine schlichte Verdreifachung der in den Römischen Verträgen fixierten Mandatszahl (Erhöhung von 142 auf 426 Sitze) ins Auge.

Trotz der bescheidenen Vorschläge des EP folgte bis etwa 1970 eine Phase der Direktwahlblockierung. Die Hauptgründe lagen zweifellos in der Politik der jeglicher supranationaler Integration abgeneigten französischen Führung unter Charles de Gaulle, wodurch die verlangte Einstimmigkeit im Rat in weite Ferne rückte, sowie in der allgemein weit verbreiteten Furcht, die Souveränität nationaler Institutionen könnte durch ein direkt gewähltes Parlament untergraben werden. Doch lassen sich weitere Motive benennen: so die allgemeine Renaissance der nach 1945 zunächst brachliegenden nationalen Identität und die „Absorbierung und

---

[71] In den Verträgen wurde der Begriff Versammlung erst durch den Maastrichter Vertrag komplett ersetzt. Das Parlament selbst nennt sich aber bereits seit 1962 „Europäisches Parlament“ (ABl. EG 31 vom 26.4.1962, S.1045), um damit den eigenen Anspruch auf volle parlamentarische Befugnisse zu dokumentieren.

[72] Definitive Inkompatibilitäten sah der Dehousse-Bericht allerdings zwischen europäischem Abgeordnetenmandat und Ämtern in den nationalen Exekutiven vor. Vgl. dazu die Kritik von Hermens (1961), der eine stärkere Verschränkung zwischen Legislative und Exekutive fordert und sich – wenig überraschend – für ein Mehrheitswahlrecht auf der europäischen Ebene einsetzt.

Desillusionierung integrationsfreundlicher Energien durch die tägliche Detailarbeit der EWG" (Müller-Graff 1977: 18). Ein besonders diffiziler Aspekt, der die Diskussion der siebziger Jahre prägte, war das „Henne-Ei-Problem" (Steffani 1978: 249). Sollte man ein Parlament wählen lassen, das „weniger Zuständigkeiten hat als die süddeutschen Parlamente des Vormärz" (Schwarz 1987: 388)? Damit lief man Gefahr, den Begriff der Volksherrschaft den Zynikern zu überlassen. Auf der anderen Seite: Konnte man es verantworten, einer nur vage legitimierten, weil nicht direkt gewählten Versammlung weitere Kompetenzen zuzugestehen?[73]. Die Befürworter der Direktwahl hingegen sahen in diesem Teufelskreis eine absurde Konstruktion der Direktwahlgegner[74] und führten ihrerseits eine Fülle von Argumenten an, die sich unter den Stichworten Demokratisierung, Legitimation, Effizienz, Innovation, Mobilisierung und Konsensbildung zusammenfassen lassen[75]. Besonders erhofften sie sich einen von der Direktwahl ausgehenden Impuls für die weitere Stärkung des EP (Bangemann / Bieber 1976: 33, Läufer 1977a: 19)[76].

Da gute Argumente zunächst nicht zum Ziel führten, ersannen die Integrationisten andere Strategien: Zahlreiche nationale Parlamente beschäftigten sich mit Vorschlägen, lediglich die eigene Delegation direkt wählen zu lassen[77], wie es einst der EGKSV vorgesehen hatte. Solche Alleingänge erschienen aber politisch und rechtlich fragwürdig, so dass sie in keinem Land die parlamentarischen Hürden nahmen. Um die nationalen Regierungen endlich zum Handeln zu bewegen, erwog das EP im Jahre 1969 gemäß Art. 175 EWGV eine Organklage gegen den Rat[78]. Schließlich sah man aber doch von einem solchen Schritt ab. Zum einen waren die Erfolgsaussichten bei diesem wenig justiziablen Gegenstand ungewiss (Ipsen 1972:

---

[73] Vgl. Huber (1979), Richter (1985), Bangemann / Bieber (1976).

[74] „Bereits viel zu lange haben Gegner der unmittelbaren Wahlen uns vorgehalten, das Europäische Parlament müsse zunächst mehr Befugnisse haben, bevor eine solche Wahl möglich sei, während dieselben Gegner dem Parlament diese Befugnisse mit dem ironischen Argument vorenthielten, wir seien nicht direkt gewählt worden" (Schelto Patijn; zitiert nach Schönberger 1994: 19).

[75] Vgl. ausführlich Läufer (1977a und 1977b) und Schöndube (1983).

[76] Kritisch zu einer solchen konsekutiven Betrachtungsweise: Steinbach (1984), der im Rückgriff auf den Konstitutionalismus des 19. Jahrhunderts einen unbedingten Zusammenhang zwischen der Einführung von Wahlen und dem Machtzuwachs des Parlaments verneint.

[77] Vgl. Bangemann / Bieber (1976: 40), Europäisches Parlament (1969), Denecke (1997: 11), Scalingi (1980: 107).

[78] Dok. 214/68-69 vom 12.3.1969.

327; Brinkhorst / Kapteyn, in: Smit / Herzog 1982: Ziffer 5-46), zum anderen begann sich der politische Wind zu drehen: Verhandlungen erschienen eher opportun als das Rasseln mit dem Säbel einer Klage.

Der Rücktritt de Gaulles, der „bête noire“ des europäischen Integrationsprozesses (Scalingi 1980: 103), markierte einen vorsichtigen Klimawechsel in Frankreich und in Europa[79]. War die Formulierung im Schlusskommuniqué des Haager Gipfels noch windelweich („Die Frage der Direktwahl wird weiter vom Rat geprüft“), brachte der Pariser Gipfel des Jahres 1974 unter der Leitung des neuen französischen Staatspräsidenten Valéry Giscard d'Estaing den Durchbruch: Die Staats- und Regierungschefs erklärten, dass sie auf Vorschlag des Parlaments bis 1976 ein Verfahren für die allgemeinen Wahlen zu verabschieden gedächten, die dann 1978 stattfinden sollten[80].

Das Parlament konnte bereits am 14.01.1975 einen neuen Entwurf auf der Grundlage des Patijn-Berichts vorlegen. Dessen Priorität ist es eindeutig, Direktwahlen überhaupt zu ermöglichen und Stolpersteine aus dem Weg zu räumen. So sollte die Wahl anfangs provisorisch nach nationalen Wahlsystemen erfolgen und die Vereinheitlichung stufenweise angestrebt werden. War die dynamische Auslegung der Einheitlichkeitsklausel das pragmatische Gebot der Stunde, barg eine solche Auffassung dennoch langfristige Risiken, weil das Europäische Parlament sich und vor allem dem Rat „quasi einen Persilschein“ (Lenz 1995: 72) für Verzögerungs- und Ausweichmanöver ausstellte. Die wesentlichen Unterschiede des Patijn-Berichts zum Vorschlag von 1960, an dem er sich eng orientierte (Scalingi 1980: 137), waren die umfassende Einführung der Direktwahl sowie eine stärker an proportionalen Gesichtspunkten orientierte Ponderierung der nationalen Kontingente. Die direkt gewählten MEP sollten optional auch ihren nationalen Parlamenten angehören dürfen[81].

Der Rat übernahm in seinem Beschluss und Akt „Zur Einführung allgemeiner unmittelbarer Wahlen der Abgeordneten der Versammlung“ vom 20.09.1976 einen Großteil der vom Parlament gewünschten Bestimmungen, entschied sich jedoch

---

[79] Zu den konkreten Veränderungen, die dem Bestreben für unmittelbare Wahlen zugute kamen, vgl. Müller-Graff (1977: 21ff).

[80] Der Wortlaut der Passage aus dem Schlusskommuniqué des Pariser Gipfels vom 10.12.1974 ist abgedruckt bei Bangemann / Bieber (1976: 176).

[81] Zu den Auswirkungen dieser Regelung in der ersten Legislaturperiode des direkt gewählten Parlaments vgl. Thöne-Wille (1984: 177ff).

insbesondere bei der Mandatskontingentierung nach heftigem Streit für eine andere, weniger proportionale Variante (Corbett / Jacobs / Shackleton 1995: 15): Ein Kompromiss zwischen den Mitgliedstaaten war erst mit einem Modell möglich geworden, das allen vier großen Mitgliedsländern die gleiche Zahl von Sitzen (nämlich 81) zugestand[82]. Das vom Parlament geforderte Zustimmungsrecht in der Frage des Wahlrechts nahm der Rat nicht in den DWA auf – genauso wenig wie den vom Parlament anvisierten Termin des Jahres 1980, bis zu dem es ein einheitliches Wahlrecht verwirklicht sehen wollte[83]. Trotz dieser Einschränkungen wurden die kritischen Stimmen weniger[84] und das definitive Bekenntnis zur Direktwahl des EP als „kopernikanische Wende" gefeiert (Läufer 1977a: 18). Auch in der Öffentlichkeit lässt sich in der zweiten Hälfte der siebziger Jahre eine zunehmend positive Einstellung zu Europawahlen nachweisen[85].

Bevor die ersten Direktwahlen tatsächlich stattfinden konnten, mussten die Mitgliedstaaten den DWA ratifizieren und außerdem eigene Wahlgesetze erlassen. Dabei kam es in einigen Ländern zu erheblichem Widerstand[86] und zu Kontroversen über die Details der Wahlgesetzgebung[87], so dass sich die Umsetzung

[82] Zeitweise wurden bis zu zehn verschiedene Modelle der Sitzverteilung diskutiert. Vgl. Hahlen (1978: 231ff), Zeitschrift für Parlamentsfragen (1976), Bangemann / Bieber (1976: 178ff), Jüttner / Liese (1977: 45).

[83] Patjin-Bericht, Art. 7. Das Datum nimmt die zeitlichen Vorstellungen des Werner-Plans auf, wonach die Europäische Union bis 1980 realisiert werden sollte.

[84] Vgl. aber Pöhle (1976), welche die Direktwahlen als „beachtliches Ablenkungsmanöver" von der Stagnation der europäischen Integration beschreibt. Zu diesem Argument auch Woyke (1984: 93) und Ockenfels (1987: 268)

[85] Vgl. die Analyse des Eurobarometers bei Ockenfels (1987).

[86] In Frankreich etwa, wo die Angst vor einer deutsch-amerikanischen Hegemonie grassierte, wurde der Conseil d'Etat angerufen, der die Europawahlen aber für verfassungskonform erklärte (Schöndube 1983: 17). Das britische wie auch das französische Europawahlgesetz machten allerdings deutlich, dass ein Ausbau der EP-Kompetenzen gleichsam im Huckepackverfahren kategorisch ausgeschlossen sei (Bardi 1990: 508ff).

[87] Sehr ausführlich werden die einzelnen Stationen des legislativen Prozesses und die Standpunkte der jeweiligen Akteure bei Herman / Hagger (1980) und bei Huber (1981) behandelt. In Frankreich etwa litt die Diskussion unter einer Instrumentalisierung für innenpolitische Scharmützel (Bardi 1990: 508); in Großbritannien beherrschte die Frage der Einführung eines Systems regionaler Listen – wie von der Regierung empfohlen – die Debatte. Am Ende setzten sich aber doch die Befürworter des traditionellen Mehrheitswahlrechts durch (vgl. Plant / Steed 1997, Gay 1998a).

verzögerte und die Premiere der allgemeinen und direkten Wahlen[88] erst vom 7.-10.06.1979 über die Bühne gehen konnte. Die tatsächlich beschlossenen wahlsystematischen Regelungen schöpften aus dem Vollen der theoretisch zur Verfügung stehenden Instrumente und orientierten sich im Wesentlichen an den Systemen für die nationalen Parlamente. Lediglich Frankreich variierte das Repräsentationsprinzip. Anstelle des für die Assemblée Nationale gültigen absoluten Mehrheitswahlrechts kam die Verhältniswahl im nationalen Einheitswahlkreis mit Sperrklausel zum Zuge.

Im Ländervergleich stach vor allem die Beibehaltung des Mehrheitswahlrechts in Großbritannien ins Auge, dem die Verhältniswahl – allerdings in buntscheckigen Ausprägungen – in allen anderen Ländern gegenüberstand. Es lässt sich zweifellos sagen, dass „ganz uneinheitlich à la carte“ (Spitzhüttl / Lüke 1983: 13) gewählt wurde, dennoch zeigte sich für die Europawahlsysteme zumindest ein stärkerer Trend zur Konvergenz als im Vergleich der Wahlverfahren für die nationalen Parlamente (Reif 1984: 238). Dies erklärt sich unter anderem dadurch, dass besonders die kleineren Länder wegen der nur geringen Zahl der zu vergebenden Mandate Modifikationen an ihren nationalen Systemen vornehmen mussten.

Das Ergebnis der ersten Europawahlen, die wie auch die folgenden stark durch ihre Verankerung im jeweiligen nationalen Kontext geprägt waren[89], ließ eine erhebliche Verzerrung erkennen[90], die bei einem einheitlichen Wahlsystem und proportionalen Mandatskontingenten kaum aufgetreten wäre[91].

---

[88] Eine Ausnahme von der direkten Wahl stellten bis 1990 die drei MEP aus Berlin dar. Sie wurden vom dortigen Abgeordnetenhaus gewählt. Vgl. Haag / Bieber, in: Groeben et al (1997: 4/106).

[89] Das partielle Vorhandensein europäischer Strukturen etwa in der Öffentlichkeitsarbeit (vgl. schon die Studie von Lodge / Herman 1982) stellt diesen Befund nicht in Frage.

[90] Die sozialdemokratischen Parteien erzielten weniger Stimmen als das bürgerliche Lager, wurden aber stärkste Kraft im Parlament (Lenz 1995: 36). Die Mehrheitswahl in Großbritannien trug zum Ausschluss der kleinen Parteien in diesem Land, aber auch zu einer Verschiebung der Links-Rechts-Balance im EP und der internen Aufstellung der transnationalen Fraktionen bei (Steed 1983: 239).

[91] Vgl. die Simulationen von Steed (1981) und Brew (1981).

## 3.2. Die Berichte Seitlinger, Bocklet und de Gucht

Dem Auftrag an das direkt gewählte Parlament nach Art. 7 DWA, die Ausarbeitung eines einheitlichen Wahlrechts vorzunehmen, kam dieses nach, indem es sich in einem eigens eingerichteten Unterausschuss des Politischen Ausschusses mit der Frage beschäftigte. Nach schwierigen Verhandlungen einigten sich die Parlamentarier am 10.03.1982 schließlich auf die Bestimmungen des mehrmals überarbeiteten Seitlinger-Berichts. Ein im strengen Sinne einheitliches Wahlrecht sah dieser ebenfalls nicht vor; die Mitgliedstaaten sollten nach den Grundsätzen der Verhältniswahl die Abgeordneten in MPWK mit nicht weniger als drei und nicht mehr als fünfzehn zu vergebenden Mandaten wählen lassen. Ausnahmen bei besonderen ethnischen und geographischen Faktoren sollten zulässig sein. Über die Einführung von Präferenzstimmen und die Möglichkeit zu Listenverbindungen sollten ebenfalls die Mitgliedstaaten entscheiden. Als Verrechnungsverfahren wurde die Methode d'Hondt angesetzt. Die Reaktionen auf die Vorschläge verdeutlichten das Dilemma des Parlaments: So begründete die Vorsitzende des Rechtsausschusses, Simone Veil, ihre ablehnende Haltung mit der fehlenden Uniformität, wodurch der Auftrag des DWA verfehlt werde[92]. Dagegen ging anderen – namentlich den Protagonisten im Rat – die Verpflichtung zu MPWK viel zu weit: Großbritannien fürchtete um seine traditionellen EWK, Frankreich im Gegenzug um die Einheit der Nation (de Vries 1996: 419). Kurzum, für die Wahl des Jahres 1984 wurde kein neues Wahlrecht verabschiedet – ein erheblicher Dämpfer für die Integrationsbemühungen, zumal die ursprünglich als Provisorium gedachte Regelung des Jahres 1979 bereits die normative Kraft des Faktischen auszuüben begann (Millar 1990: 41).

Noch weniger Konsens als der Seitlinger-Bericht erzielte der in der folgenden Legislaturperiode erstellte Bocklet-Bericht, der den Begriff Einheitlichkeit erneut großzügig auslegte[93]. Er war schon in den mit ihm befassten Ausschüssen derart

[92] „Je ne voterai pas la proposition de résolution. En effet, notre mandat était précis: soumettre un texte uniforme. Le choix nous était laissé de soumettre un texte réellement uniforme ou de fixer quelques principes généraux auxquels la plupart auraient pu se rallier. Nous ne l'avons pas fait; nous proposons, en revanche, un texte extrêmement complexe, et qui manque explicitement de tout caractère uniforme, puisque la plupart des paragraphes de l'article 2 commencent par: «Les Etats membres peuvent fixer...»". (Simone Veil, zitiert nach: Quintin 1983: 271).

[93] Unter anderem sollten folgende Regelungen im Ermessen der Mitgliedstaaten stehen: die Wahlkreisunterteilung (nach den Grundsätzen der Verhältniswahl), die Einführung einer

umstritten[94], dass der Berichterstatter Reinhold Bocklet davon absah, ihn dem Plenum zur Abstimmung vorzulegen. Um den Stillstand zu überwinden, wurde eine interfraktionelle Arbeitsgruppe eingerichtet, welche die in sie gesetzten Hoffnungen aber nicht erfüllen konnte. Nicht zuletzt wegen der zusätzlichen Komplizierung durch den EG-Beitritt von Spanien und Portugal im Jahre 1986 rückte ein Kompromiss in weite Ferne. Viele Parlamentarier wandten sich enttäuscht von der Materie ab.

Die nächste Initiative des Parlaments erfolgte erst im Zeichen der Veränderungen durch den Maastrichter Vertrag[95] und der Notwendigkeit zur Reponderierung der nationalen Kontingente im Anschluss an die deutsche Wiedervereinigung. Das EP versäumte es aber, die angestrebte Neufassung des DWA mit den anderen Reformen zu einer Paketlösung zu verbinden, was die Verhandlungsposition mit dem Rat verschlechterte. Die Innovation des Berichtes de Gucht, zu dem das Plenum am 10.03.1993 eine Entschließung annahm, war ein Entgegenkommen gegenüber Großbritannien[96]: So sollte es möglich sein, die Wahl von zwei Dritteln der Mandate in EWK beizubehalten, sofern das verbleibende Drittel zum Verhältnisausgleich herangezogen würde. Insgesamt verschob der Bericht die Messlatte für Einheitlichkeit so weit nach unten, dass in keinem Land außer in Großbritannien eine Novellierung der geltenden Europawahlgesetze erforderlich gewesen wäre (Schönberger 1994: 87, Gensior 1993: 7). Der Rat entzog sich – nach anfänglich ermutigenden Signalen – unter französischer Präsidentschaft der

Präferenzstimme, die Etablierung einer künstlichen Sperrklausel (bis zu fünf Prozent). Vgl. im Detail Grunert (1990), Bardi (1990).

[94] Der Politische Ausschuss schloss sich mit knapper Mehrheit der Meinung des Berichterstatters an, wonach die Festlegung grundlegender Prinzipien die Forderung der Einheitlichkeit erfülle; der Rechtsausschuss teilte diese Auffassung nicht (Grunert 1990: 497).

[95] Mit Maastricht wurde die Unionsbürgerschaft (Art. 8 EUV) eingeführt, die das leidige Thema der ungleichen Bestimmungen in Bezug auf die Wahlberechtigung beseitigte. Von Sonderregelungen abgesehen besitzt nun jeder EU-Bürger an seinem Wohnort das aktive und passive Wahlrecht (vgl. Richtlinie 93/109/EG des Rates: ABl. Nr. C 329 vom 6.12.1993). Der Maastrichter Vertrag nahm auch Modifikationen an Art. 138 EGV vor: Zum einen fanden die europäischen Parteien durch Art. 138a erstmals explizite vertragliche Anerkennung, woraus die Forderung nach einem der Repräsentation und Arbeit dieser Parteien gerecht werdenden, einheitlichen und gleichen Wahlrecht abzuleiten ist; zum anderen erlangte das Parlament ein förmliches Zustimmungsrecht für die Verabschiedung eines Direktwahlverfahrens gemäß Art. 138,3 EGV.

[96] „I have tried to make it as difficult as possible for Britain to say no" (Berichterstatter Karel de Gucht, zitiert nach: Westlake 1994: 82).

Behandlung des Sujets mit dem Argument, die Entschließung des Parlaments sei zu allgemein und erfülle nicht die Kriterien des Art. 138,3 EGV. Dieser Schachzug verhinderte eine theoretisch denkbare Untätigkeitsklage gegen den Rat (de Vries 1996: 420, Anastassopoulos-Bericht 1998: 14f).

## 3.3. Vom Amsterdamer Vertrag bis zur Gegenwart

Auf der Regierungskonferenz von Amsterdam erfuhr die Vertragsgrundlage für ein einheitliches Wahlverfahren eine bemerkenswerte Modifikation. Die Mitgliedstaaten einigten sich auf ihre Uneinigkeit und schrieben im neuen Art. 190,4 EGV (ex-Artikel 138,3) fest, dass die Direktwahl „nach einem einheitlichen Verfahren in allen Mitgliedstaaten oder im Einklang mit den allen Mitgliedstaaten gemeinsamen Grundsätzen" stattzufinden habe. Einerseits bedeutete dies das Eingeständnis, dass die bisherige Diskrepanz zwischen DWA und EGV unhaltbar war (Lenz 1998: 283). Andererseits schwanden mit dieser wenig konkreten Klausel die Hoffnungen, jemals ein wirklich einheitliches Wahlrecht zu verabschieden. Sie bedeutete den faktischen Verzicht auf ein einheitliches Verfahren und eine zwischen Pragmatismus und Opportunismus stehende Anpassung des Soll-Zustandes an den Ist-Zustand (Lenz 1998: 283). Dennoch stellte sich in diesem Umfeld der größte Konvergenz-Fortschritt seit der ersten Direktwahl ein: Ende 1997 setzte die neue Labour-Mehrheit in Großbritannien ein Wahlversprechen um und führte für die Europawahlen des Jahres 1999 ein System (starrer) regionaler Listen ein[97] [98]. Damit wurden erstmals in allen Mitgliedstaaten der EU die Abgeordneten per Verhältniswahl bestimmt[99].

Das Parlament reagierte schnell auf die neuen Gegebenheiten und billigte am 15.07.1998 mit deutlicher Mehrheit eine Entschließung auf der Grundlage des Anastassopoulos-Berichts (A4-0212/1998). Darin sprachen sich die Abgeordneten unter anderem für die verpflichtende Unterteilung des Staatsgebietes in Wahlkreise bzw. Wahlbezirke bei einer Einwohnerzahl von mehr als 25 Millionen aus – ohne

---

[97] Für Nordirland blieb es beim vertrauten STV.

[98] Zur Reformdiskussion und den Charakteristika des neuen Systems vgl. Plant / Steed (1997), Ovey (2001), Gay (1998a), Cracknell / Morgan (1999).

[99] Stellvertretend für viele äußerte MacGee (2001: 56) die Hoffnung, nun sei zwischen den Mitgliedstaaten ein Grad der Similarität erreicht „that would most likely make agreement (...) easier".

allerdings die grundsätzliche Proportionalität in Frage zu stellen. Noch mehr Aufmerksamkeit erregte die Empfehlung, ab 2009 10 Prozent der Abgeordneten über europaweite Listen in einem einheitlichen transnationalen Wahlkreis wählen zu lassen.

Nun befand sich der Ball wieder in der Spielhälfte des Rates, der sich abermals nur schwer zum Doppelpass mit dem Parlament entschließen konnte. Der Grund dafür lag weniger in den hier besprochenen wahlsystematischen Fragen, sondern in technischen Einzelheiten, welche die Mitgliedstaaten entzweiten – so der Streit zwischen Spanien und Großbritannien um die Wahlberechtigung der Bürger Gibraltars und die Schaffung einer Übergangslösung für die Träger eines Doppelmandats[100]. Erst im Jahr 2002 kam es zur Änderung des Direktwahlakts, der damit seine noch heute gültige Form annahm. Er sieht nunmehr vor: nationale Verhältniswahlsysteme nach Maßgabe der Mitgliedstaaten unter Wahrung des essenziellen Proportionalitätsgrundsatzes, fakultative Präferenzstimmgebung, fakultative Unterteilung des Wahlgebiets in Wahlkreise, fakultative künstliche Sperrklausel bis zu fünf Prozent. Von den transnationalen Listen des Anastassopoulos-Berichts ist nicht mehr die Rede, ebenso wenig von einer obligatorischen Unterteilung des Wahlgebiets in den großen Mitgliedstaaten. Dennoch rang sich das Parlament zu der verlangten Zustimmung mit absoluter Mehrheit durch. Der Bericht Gil-Robles Gil-Delgado (A5-0212/2002) bedauert zwar, dass das transnationale Element abhanden gekommen ist[101], und mahnt dessen Aufnahme in den DWA im Zuge der vom Rat selbst vorgesehenen Überprüfungen[102] vor der zweiten Direktwahl nach Inkrafttreten der neuen Bestimmungen an; indes überwiegt die Einsicht, „dass der Entwurf des Rates (..) nach dem gegenwärtigen Stand der Dinge einen akzeptablen Kompromiss darstellt,

[100] Vgl. dazu die Inkompatibilitätsbestimmungen des Art. 7 DWA (ex-Art. 6). Grundsätzlich sind Doppelmandate in EP und nationalen Parlamenten seit Beginn der laufenden Legislaturperiode ausgeschlossen. Für das Vereinigte Königreich besteht aber eine Ausnahmeregelung bis 2009, für Irland wurde eine dauerhafte Ausnahmeregelung vereinbart, die für einen bestimmten Abgeordneten aber nur bis zur nächsten nationalen Wahl gilt.

[101] Dieses Manko könnte laut dem Bericht Gil-Robles (Begründungspunkt 8) zumindest teilweise aufgefangen werden, indem die Parteien durch die Nominierung eines eigenen Kandidaten für das Amt des Kommissionspräsidenten die Europäisierung der Wahlkämpfe beschleunigen.

[102] Vgl. Annex B des Ratsbeschlusses Nr. 8964/2002 vom 21.5.2002 sowie Dok.-Nr. 6151/02 des Rates, S.11.

dass er Fortschritte zu einem homogeneren Wahlsystem gestattet" (Bericht Gil-Robles Gil-Delgado, Erwägungsgrund I).

Die Zustimmung des Parlaments zu den Vorschlägen des Rates hat die politische Debatte vorerst zur Ruhe kommen lassen, zumal der Rechtsakt in keinem Mitgliedstaat akute Reformen[103] verlangte. Der erzielte Konsens hat ebenfalls dazu beigetragen, dass die Wahlrechtsdiskussion im Rahmen des Konvents keinen größeren Stellenwert eingenommen hat. Im Konventsentwurfs für eine europäische Verfassung (Art. III-232) wird genau wie in der an jener Stelle leicht modifizierten Version der Regierungskonferenz (Art. III-330) die Formulierung des Art. 190,4 (Amsterdamer Vertrag) für den Rahmen der Direktwahl wieder aufgegriffen („nach einem einheitlichen Verfahren in allen Mitgliedstaaten oder im Einklang mit den allen Mitgliedstaaten gemeinsamen Grundsätzen"). Für den definitiven Beschluss eines Verfahrens sollen wie zuvor ein einstimmiger Beschluss des Rates auf Initiative und nach Zustimmung des EP sowie die einzelstaatlichen Ratifikationen notwendig sein. Obwohl also kurzfristig keine neuen Vereinheitlichungsinitiativen zu erwarten sind, dürfte die Diskussion spätestens bei der bereits angesprochenen Überprüfung des DWA vor den Wahlen im Jahr 2009 und / oder bei kommenden Erweiterungsrunden erneut aufflammen.

Nicht einmal zeitweise hat sich der ständige Streit um die Mandatskontingentierung (vgl. dazu ausführlich Kap. 4.3) abgeschwächt. Besonders in Erwartung und mit Umsetzung der Osterweiterung hat es laufend neue, teilweise verwirrende Modelle und ein nicht enden wollendes Gezerre um die Sitzverteilung gegeben. Im Zuge des Ratifikationsprozesses der Verfassung und der möglichen EU-Erweiterung um Bulgarien und Rumänien bereits vor der nächsten Europawahl kann als sicher gelten, dass das letzte Wort noch nicht gesprochen ist.

Insgesamt ist der Diskussionsbedarf mithin kaum erschöpft. Dass es sowohl zwingende Argumente als auch praktische Möglichkeiten für eine weitere Vereinheitlichung sowie für die Angleichung des Stimmengewichts gibt, sollen die folgenden Ausführungen in den Kap. 3.4 und 4 zeigen.

---

[103] Die Befürworter einer strengeren Definition des Proportionalitätsbegriffs, denen es ein Dorn im Auge ist, dass die regionalen Wahlkreise in Großbritannien (und auch in Irland und Belgien sowie mittlerweile in Frankreich) zum Nachteil der kleinen Parteien unverbunden sind, konnten ihre Vorstellungen bei der Änderung des DWA nicht durchsetzen.

## 3.4. Die Europawahlen vor dem Hintergrund von Gleichheitsgrundsatz und Demokratieprinzip

Im Vertrag über die Europäische Gemeinschaft finden sich die wesentlichen Bestimmungen zur Wahl des Europäischen Parlaments in den Artikeln 189 (ex-Artikel 137) und 190 (ex-Artikel 138) sowie im DWA, der eine rechtliche „Zwitterstellung" einnimmt, aber auf jeden Fall gemeinschaftsrechtlichen Beurteilungsmaßstäben unterliegt (Haag / Bieber, in: Groeben et al 1997: 4/64)[104]. Gemäß Art. 190,1 werden „die Abgeordneten der Völker der in der Gemeinschaft vereinigten Staaten (...) in allgemeiner unmittelbarer Wahl gewählt". Daraus geht hervor, dass die Abgeordneten keine Repräsentanten der Staaten sind, sondern der europäischen Völker.

Daran anknüpfend stellt sich die Frage, ob die Mandatskontingentierung nach Art. 190,2, die auf einer „Kompromissformel zwischen einer gleichgewichtigen Vertretung der Staaten und einer nach Einwohnerzahl differenzierten Abgeordnetenzahl" (Haag / Bieber, in: Groeben et al 1997: 4/71) beruht, diese Erkenntnis – also die Tatsache, dass im EP die europäischen Völker und nicht die Staaten repräsentiert sind – in ausreichendem Maße berücksichtigt. Die Meinungen dazu gehen weit auseinander und hängen zumeist davon ab, ob eine föderale oder unitarische Konzeption des EP verfolgt wird. Die Verfechter der ersten Variante rechtfertigen die durch die derzeitige Mandatskontingentierung verursachte Einschränkung der Wahlrechtsgleichheit damit, dass ein europäisches Volk gar nicht bestehe und dass die „Einschränkungen den spezifischen Konstitutionsbedingungen eines (...) Zusammenschlusses mehrerer Staaten von sehr unterschiedlicher Größe und mit unterschiedlichen Wahlrechtstraditionen Rechnung" tragen (Haag / Bieber, in: Groeben et al 1997: 4/69)[105]. Die starke Überrepräsentation der bevölkerungsschwächeren Länder wird mit dem Verweis auf vergleichbare Konstruktionen in anderen politischen System verteidigt (z.B. den USA) und als Garant gegen eine systemschädigende Majorisierung der kleineren Staaten begriffen. Vertragsrechtlich stützt sich diese Sichtweise auf die Ergänzung des Art. 190,2 EGV, wonach eine „angemessene Vertretung" der Völker zu gewährleisten ist.

---

[104] Lenz (1995: 107) etwa bezeichnet den DWA als „abgeleitetes Primärrecht".

[105] Vgl. auch Klein (1987), Reich (1999).

Die vorstehende Argumentation vermag allerdings nicht zu überzeugen. Das EP ist ja gerade diejenige Institution, die als direkt gewähltes Organ die gleichberechtigten Interessen aller Bürger zu vertreten hat und damit dokumentiert, dass die Union nicht nur eine Staatengemeinschaft, sondern auch einen Bürgerverbund darstellt[106]. Die „No demos-These" mag in einem engeren Sinne zutreffend sein, aber sie verfehlt in diesem Zusammenhang den sachlichen Kern. Demokratie ist nämlich sehr wohl ohne einheitliches Staatsvolk möglich. Es genügt als Ausgangspunkt ein Grundstock an gemeinsamen Werten, der kaum geleugnet werden kann[107].

Der Gleichheitsgrundsatz, der in demokratisch organisierten Gebilden gerade beim Wahlrecht eine prominente Stellung einnimmt, lässt sich aus einer Vielzahl von Bestimmungen herleiten: Zu nennen wäre schon die Semantik des Begriffes „Wahl", der gemessen an den Grundsätzen der parlamentarischen Demokratie die gleiche Erfolgschance der abgegebenen Stimme einschließt; sodann das Diskriminierungsverbot gemäß Art. 12 EGV, Art. 20 und 21 der Grundrechtscharta; ferner Art. 3 des 1. Zusatzprotokolls zur Europäischen Menschenrechtskonvention, der alle Mitgliedstaaten beigetreten sind; schließlich die über wertende Rechtsvergleichung zu gewinnende Einsicht, dass die Wahlrechtsgleichheit in allen Mitgliedstaaten Teil der Verfassungstradition ist (Lenz 1995). Dass Art. 190 EGV nur von einer allgemeinen unmittelbaren Wahl spricht, nicht aber von einer gleichen, kann den Gleichheitsgrundsatz nicht entkräften. Vielmehr ist die Wortwahl im Zusammenhang der Entstehungsgeschichte des Direktwahlakts zu verstehen, wonach die Formulierung „allgemein und unmittelbar" lediglich die Abgrenzung zur vorherigen Entsendungspraxis manifestieren sollte (Fleuter 1991: 15, Saalfrank 1995: 121). Darüber hinaus lassen sich verschiedene Bezüge zum Demokratieprinzip herstellen. Es ist schon per se anzunehmen, dass das Demokratieprinzip in einer (überstaatlichen) Gemeinschaft von Demokratien gilt (Lenz 1995: 247). Aber auch konkret rekurrieren die Verträge auf den Grundsatz der Demokratie[108]: Und bekanntlich kann die Demokratie „Bürger und Stimmen nicht gewichten, sondern nur zählen" (Lenz 1995: 272).

---

[106] Vgl. Art. 1 EUV, wo von einer „immer engeren Union der Völker Europas" die Rede ist.
[107] Vgl. Lenz (1995: 232), Suski (1996: 90), Reich (1999: 70f), Denecke (1997: 47).
[108] Vgl. die Präambel (allgemein in Satz 3 und konkret auf die Gemeinschaftsorgane bezogen in Satz 5), Art. 1 EUV (Bürgernähe), Art. 6,1 EUV und Art. 7 EUV (Sanktionen gegen Mitgliedstaaten bei Verstößen gegen die gemeinsamen Grundsätze). Auch die Erhebung der demokratischen Verfasstheit zur Voraussetzung für einen EU-Beitritt weist in die gleiche

Das Bemühen, die Ungleichheiten des Wahlrechts in Anlehnung an nationalstaatliche, föderal bestellte Kammern zu begründen, läuft ins Leere. Wenn man schon nationalstaatliche Muster heranzieht, sollte man wenigstens nicht die Kammern verwechseln[109]. In einer solchen Analogie wäre nämlich das sehr wohl nach proportionalen Gesichtspunkten gewählte US-Repräsentantenhaus das Pendant zum EP und nicht der US-Senat. Die zwischenstaatlichen Elemente innerhalb der EU – in welcher Ausformung auch immer – gehören eindeutig in den Ministerrat[110]. Dass die Mitsprachemöglichkeiten der Mitgliedstaaten im Integrationsprozess durch eine gleiche demokratische Wahl des EP gefährdet sein sollen, ist absurd. Die nötige Balance kann über Kompetenzzuweisungen und das Design von Entscheidungsverfahren hergestellt werden, nicht aber über eine Verletzung der Wahlrechtsgleichheit. Der Versuch, die Ponderierung mit dem Hinweis auf die gleichfalls verzerrende Wirkung etwa von Sperrklauseln und kleinen, unverbundenen Wahlkreisen zu rechtfertigen, die in den Nationalstaaten akzeptiertes gestalterisches Mittel seien (Reich 1999: 68), verkennt die Spezifika des EP und offenbart – schlimmer noch – eine frappante Unkenntnis der wahlsystematischen Grundlagen.[111]

Der unitarische Charakter des EP und damit die Erforderlichkeit einer gleichen Erfolgschance der Wählerstimmen lassen sich auch aus dem Selbstverständnis der meisten Mandatsträger als *europäische* Abgeordnete und aus der Arbeitsweise des EP in transnationalen Fraktionen ersehen, entlang derer der politische Meinungs- und Mehrheitsbildungsprozess erfolgt. Deshalb trifft das Argument, eine Teilnahme an der parlamentarischen (Ausschuss-)Arbeit mit weniger als zum Beispiel sechs Abgeordneten pro Land (wie im Falle Luxemburgs) sei unmöglich, nicht zu, weil sich die MEP aus dem Großherzogtum nicht als luxemburgische Fraktion

---

Richtung (vgl. die so genannten „Kopenhagener Kriterien": Europäischer Rat von Kopenhagen, Schlussfolgerungen des Vorsitzes, Bulletin EG 6-1993, Punkt I.13, S.13).

[109] Vgl. Lenz (1995: 229), Fleuter (1991: 55).

[110] Vgl. Saalfrank (1995: 165) und Wolf (2000), der fordert, die Stimmengewichtung in Rat und Parlament nicht als jeweils singuläre Angelegenheiten zu betrachten, sondern unter Berücksichtigung der Funktionsspezifika beider Organe zu verknüpfen.

[111] Sperrklauseln und kleine Wahlkreise (ohne Manipulation des Zuschnitts) lassen die Erfolgschance jeder Stimme nämlich unberührt, während bei der asymmetrischen Ponderierung bei unterstellter gleicher Wahlbeteiligung von vornherein feststeht, welche Wähler einen geringeren Erfolgswert ihrer Stimme in Kauf nehmen müssen (vgl. Fleuter 1991: 5).

konstituieren, sondern sich in das Organisationsgefüge der transnationalen Fraktionen einbringen.

Ernst zu nehmender ist der Einwand, dass im Europäischen Parlament der Minderheitenschutz nicht aufgehoben und die Repräsentation aller politisch relevanten Gruppen gewährleistet sein soll. Die Relevanz einer politischen Gruppierung lässt sich aber wegen der unterschiedlichen Bevölkerungszahlen der Mitgliedstaaten nicht eindeutig feststellen. Zudem hakt der Transfer des klassischen Minderheitenbegriffs auf die europäische Ebene, weil dort nicht wie in vielen Nationalstaaten ein homogenes Staatsvolk mit kleineren Minderheiten besteht (Lenz 1995: 239). Insofern ist es nicht einsichtig, warum eine politische Gruppierung in einem Organ unitarischen Charakters nur deshalb ein höheres Gewicht haben sollte als eine andere, weil ihr Einfluss zufällig im „richtigen" Staatsgebiet zum Tragen kommt.

Eindrucksvoll unterstreichen die Regelungen um die mit dem Maastrichter Vertrag eingeführte Unionsbürgerschaft die Unsinnigkeit einer Kontingentierung, welche für das EP eine politisch opportune Repräsentation der Staaten zur Messlatte erhebt. Art. 19 EGV[112] setzt definitiv das Wohnsitzprinzip fest, wonach jeder EU-Bürger an seinem Wohnort das aktive und passive Wahlrecht genießt[113]. Mit anderen Worten: Ein Franzose, der in Deutschland lebt, kann als Wähler die Zusammensetzung des deutschen Kontingents mitbestimmen und auch für das deutsche Volk (nicht für Deutschland) ins Parlament einziehen.

Streinz (2001: Rn 306) geht sogar so weit zu behaupten, dass die Aufteilung der Sitze nach Mitgliedstaaten und das Wohnsitzprinzip des Europawahlrechts einander widersprechen. Die völlige Abschaffung von Kontingenten würde aber mit dem Geist von Art. 190 EGV nicht übereinstimmen. Dieser spricht bewusst von „Vertretern der Völker" und nicht von „Vertretern der Bürger der Union": Die Mitgliedstaaten sollen nicht konturenlos verschmelzen, ihre Identität ist zu

---

[112] Ähnlich: Art. 39 Grundrechtscharta.

[113] Dies war zum Teil schon früher der Fall; bekanntestes Beispiel ist der Einzug des französischen Politikwissenschaftlers Maurice Duverger ins EP als unabhängiger Kandidat über die Liste der italienischen Kommunisten im Jahre 1989. Prinzipiell führte die unterschiedliche Handhabung des aktiven und passiven Wahlrechts in den Mitgliedstaaten aber sowohl zu Konflikten mit Art. 8 DWA, wonach jeder Wähler *nur* einmal wählen darf, als auch mit dem Grundsatz, dass jeder Bürger *überhaupt* wählen darf (allgemeines Wahlrecht).

achten[114]. Das impliziert aber keinen Rechtfertigungsgrund für einen heftigen Eingriff in die Wahlrechtsgleichheit. Vorherbestimmte, fixe Kontingente für verschiedene Teile des Wahlgebietes, wie sie auch in vielen Nationalstaaten üblich sind (so in Spanien, Irland, Belgien, Griechenland und Luxemburg), scheinen in einem heterogenen System wie der EU durchaus geeignet zu sein. Aber sie müssen den Grundsätzen der Proportionalität genügen. Insofern kann die Formulierung der „angemessenen Vertretung" nach Art. 190,2 EGV nur im Sinne einer proportionalen Vertretung verstanden werden (Lenz 1998: 285). Auf dem Rechtswege angreifbar dürfte die bestehende Kontingentierung allerdings kaum sein, weil die Staats- und Regierungschefs diese durch den Amsterdamer Vertrag auf die Ebene des Vertrages „hochgezont" haben. Im Zweifel liefe der Fall auf ein „vertragswidriges Vertragsrecht" hinaus (Lenz 1998: 283) – eine denkbar unglückliche Konstellation.

Wie bereits erwähnt, hat aber nicht nur die Zuweisung der Mandate, sondern auch die Heterogenität der Wahlverfahren immer wieder rechtliche Probleme aufgeworfen. Die Bestimmung, wonach das EP einen Entwurf für allgemeine unmittelbare Wahlen nach einem einheitlichen Verfahren auszuarbeiten hatte, gab Anlass für widersprüchliche Interpretationen zum Gehalt des Adjektivs „einheitlich"[115]. Durch die Novellierung im Amsterdamer Vertrag, die explizit „nur" gemeinsame Grundsätze für das Wahlverfahren fordert und die sich wie der Bericht de Gucht (Erwägungsgrund A) auf das Subsidiaritätsprinzip (Art. 5 EGV) stützt, hat sich eine allzu rigide juristische Auslegung allerdings von selbst erledigt[116]. Dank der Steigbügelfunktion, die der Art. 190,4 Satz 1 EGV durch seine Verwässerung übernommen hat[117], sind das Parlament und vor allem der Rat mit der Änderung des DWA im Jahr 2002 nach 45 Jahren endlich – wenn auch mit bescheidenem Resultat – der Regelungsverpflichtung des Art. 190,4 Satz 2 EGV

---

[114] Vgl. Anastassopoulos-Bericht (1998: 48); Magiera (1995: 797); Haag / Bieber, in: Groeben et al (1997: 4/32).

[115] Vgl. die differenzierte Herangehensweise des Anastassopoulos-Berichts (1998).

[116] Die Notwendigkeit zur Interpretation hat sich damit aber nicht erübrigt. Unter gemeinsamen Grundsätzen ist ein weites Feld von gemeinschaftlichen Regelungen oder auch der Verzicht auf ebensolche denkbar. Die Schwammigkeit der Formulierung ist ein typisches Element und eine der größten Schwächen des Amsterdamer Vertrages (vgl. Bieber 1997).

[117] Die Intention, durch die Anpassung „die seit über 20 Jahren aufgrund verschiedener Rechtstraditionen bestehende Blockade" (Schoo 2001: 99) aufzuheben, hat also letztlich den graduellen Fortschritt ermöglicht.

nachgekommen, nachdem die pragmatische Stufentaktik längst in den Verdacht geraten war, Vorwand für Untätigkeit und mangelhafte Konsensbildung zu sein.

Ein im wahren Wortsinn einheitliches Verfahren kann weiterhin, muss rein rechtlich aber nicht mehr verwirklicht werden. Der Wunsch nach einem solchen Verfahren bleibt unterdessen bestehen. Denn nationale Wahlgesetze werfen im Zusammenspiel mit der noch gravierendere Verzerrungen auslösenden Ponderierung einen Schatten auf die Legitimität des EP[118] und lassen mehr denn je Zweifel laut werden, ob einem dergestalt bestellten Organ tatsächlich weitere Kompetenzen übertragen werden sollten.[119] Diese Bedenken lassen sich nicht ausräumen, wenn man sich mit einer „polymorphen Verhältniswahl", also dem Status quo, begnügt und dazu auffordert, „in der Unterschiedlichkeit der nationalen Wahlsysteme zum EP kein demokratisches Defizit mehr zu sehen, sondern eine Stärkung des Einvernehmens im Grundsätzlichen unter Wahrung der Differenz im Gestalterischen" (Nohlen 2004b: 36). Es ist zweifellos richtig, dass durch die funktionale Äquivalenz einzelner Elemente Verzerrungen bzw. grobe Ungleichheiten vermieden werden können, jedoch werden die Akzeptanz der Heterogenität und die schwache Hoffnung auf „induktive Prozesse der Angleichung des EP-Wahlrechts" (Nohlen 2004b: 37) der nicht zuletzt symbolischen Dimension der Wahlrechtsgestaltung im Kontext der EU kaum gerecht. Das Wahlsystem, wie die Präsentation des Europäischen Parlaments überhaupt, stellt einen Hebel dar, mit dem die Herausbildung des allseits vermissten europäischen Bewusstseins gefördert werden kann. Der Rückzug auf eine „polymorphe Verhältniswahl" erinnert an den Vogel Strauß, der den Kopf in den Sand steckt. Ein solches Wahlsystem ist ungeeignet, um einen Beitrag zur Überwindung des Charakters der Europawahlen als nationale Nebenwahlen zu leisten.

---

[118] Vgl. auch das Maastricht-Urteil des BVerfG 89, 155 (Urteil des Zweiten Senats vom 12. Oktober 1993 -- 2 BvR 2134, 2159/92), das trotz der starken Betonung des Subsidiaritätsprinzips ein einheitliches Wahlverfahren aus Legitimationsgründen für geboten hält. Diese Differenzierung folgt der Einsicht, dass das Subsidiaritätsprinzip eben nicht jede zentrale Regulierung verbietet. Vielmehr fordert es, Kompetenzen bei unteren Ebenen zu belassen oder sie ihnen zurückzugeben, sofern diese zur besseren und bürgernäheren Problemlösung in der Lage sind. Für das Europawahlrecht gilt diese Bedingung kaum.

[119] Vgl. Streinz (2001: Rn 282) und Borchmann (1992: 97). Steffani (1995) ist der Überzeugung, dass eine Befugniserweiterung des EP im Zusammenhang mit einem ungleichen Wahlrecht das „Demokratie-Dilemma" sogar noch erhöhen würde.

# Kapitel 4:
# Gegenwärtige Regelungen und Reformvorschläge

## 4.1 Synoptische Darstellung der Wahlsysteme in den Mitgliedstaaten

| Land | Sitze | Wahlsystem | Wahlkreiseinteilung | Listenform / Stimmgebung | Sitzzuteilung |
|---|---|---|---|---|---|
| **BEL** | 24 | VW | 3 Wahlkreise (4 ethnisch-geogr. Regionen) | Lose gebundene Listen (Wahlpflicht) | D'Hondt |
| **DEN** | 14 | VW | Nat. Einheitswahlkreis | Lose gebundene Listen | D'Hondt |
| **DEU** | 99 | VW mit 5%-Klausel | Bundeslisten oder Landeslisten / Verrechnung auf nat. Ebene | Starre Listen | Hare-Niemeyer |
| **EST** | 6 | VW | Nat. Einheitswahlkreis | Starre Listen und Einzel-kandidaturen | D'Hondt |
| **FIN** | 14 | VW | Nat. Einheitswahlkreis | Lose gebundene Listen | D'Hondt |
| **FRA** | 78 | VW mit 5%- Klausel (je Region) | 8 regionale Wahlkreise | Starre Listen | D'Hondt |
| **GRE** | 24 | VW mit 3%-Klausel | Nat. Einheitswahlkreis | Starre Listen (Wahlpflicht) | Eniskhimeni Analogiki |
| **IRL** | 13 | VW / STV | 4 unverbundene Wahlkreise | STV | STV-Droop |
| **ITA** | 78 | VW | 5 reg. Wahlkreise / Verrechnung auf nat. Ebene | Lose gebundene Listen | LR-Hare |
| **LAT** | 9 | VW mit 5%-Klausel | Nat. Einheitswahlkreis | Lose gebundene Listen | Sainte-Laguë |

| | | | | | |
|---|---|---|---|---|---|
| **LTU** | 13 | VW mit 5%-Klausel | Nat. Einheitswahlkreis | Lose gebundene Listen | Hagenbach-Bischoff |
| **LUX** | 6 | VW | Nat. Einheitswahlkreis | Offene Listen mit Panaschieren (Wahlpflicht) | Hagenbach-Bischoff |
| **MLT** | 5 | VW / STV | Nat. Einheitswahlkreis | STV | STV-Droop |
| **NED** | 27 | VW | Nat. Einheitswahlkreis | Lose gebundene Listen | D'Hondt |
| **AUT** | 18 | VW mit 4%- Klausel | Nat. Einheitswahlkreis | Lose gebundene Listen | D'Hondt |
| **POL** | 54 | VW mit 5%-Klausel | 13 regionale Wahlkreise / Verrechnung auf nat. Ebene | Lose gebundene Listen | D'Hondt / LR-Hare |
| **POR** | 24 | VW | Nat. Einheitswahlkreis | Starre Listen | D'Hondt |
| **SLO** | 7 | VW | Nat. Einheitswahlkreis | Lose gebundene Listen | D'Hondt |
| **SVK** | 14 | VW mit 5%-Klausel | Nat. Einheitswahlkreis | Lose gebundene Listen | Hagenbach-Bischoff |
| **SWE** | 19 | VW mit 4 %-Klausel | Nat. Einheitswahlkreis | Lose gebundene Listen | Mod. Sainte-Laguë |
| **ESP** | 54 | VW | Nat. Einheitswahlkreis | Starre Listen | D'Hondt |
| **CZE** | 24 | VW mit 5%-Klausel | Nat. Einheitswahlkreis | Lose gebundene Listen | D'Hondt |
| **HUN** | 24 | VW mit 5%-Klausel | Nat. Einheitswahlkreis | Starre Listen | D'Hondt |
| **GBR** | 75 + 3 | VW (Nordirland: VW mit STV) | 11 Wahlkreise plus 1 STV-Wahlkreis in NIRL mit 3 Mandaten | Starre Listen / NIRL: STV | D'Hondt NIRL: STV-Droop |
| **CYP** | 6 | VW | Nat. Einheitswahlkreis | Lose gebundene Listen (Wahlpflicht) | LR-Hare |

## 4.2. Proportionalitätsanalyse

Die synoptische Darstellung weist eine erhebliche Vielfalt der Wahlsysteme in den 25 EU-Staaten aus. Bevor die einzelnen Regelungen im Detail auf der Grundlage des theoretischen Plädoyers für mehr Einheitlichkeit und Gleichheit zu diskutieren sind, soll überprüft werden, ob die vermuteten Verzerrungen in der Praxis tatsächlich auftreten. Dazu wird zunächst die Situation innerhalb der einzelnen Mitgliedstaaten betrachtet. Tab. 5 gibt für die Europawahlen der Jahre 2004 und 1999 jeweils die Werte zweier gängiger Proportionalitätsindizes an[120]. Dabei ist die Proportionalität beim Gallagher-Index umso höher, je näher der Wert gegen Null geht, während beim Rose-Index eine perfekte Proportionalität für r=100 vorliegt.

Wie aus der Tabelle ersichtlich, weisen die Indizes relativ hohe Schwankungen auf: Der Gallagher-Index bewegt sich zwischen 1,17 und 13,55 (2004) bzw. zwischen 1,22 und 9,30 (1999); der Rose-Index erreicht Werte zwischen 97,5 und 85,95 (2004) bzw. zwischen 97,75 und 87,90 (1999)[121]. Bei der Interpretation dieser Werte ist allerdings in mehrerlei Hinsicht Vorsicht geboten: So macht es zum Beispiel keinen Sinn, die Indizes von kleinen und sehr großen Ländern zu vergleichen. Estland etwa könnte selbst unter idealen Bedingungen kaum die „Traumwerte" Italiens erreichen, weil die kleine Zahl der zu vergebenden Mandate relativ gesehen eine hohe Zahl von „wasted votes" und mithin eine niedrigere Proportionalität auch dann bewirkt, wenn – wie in Estland der Fall – in einem nationalen Einheitswahlkreis gewählt und auch sonst von konzentrationsfördernden Elementen weit gehend abgesehen wird. Die Proportionalitätsanalyse erlaubt also vor allem Vergleiche zwischen Ländern ähnlicher Größe oder auch zwischen unterschiedlichen Wahlsystemen in nur einem Land, wenn eine Wahlrechtsreform vorgenommen wurde.

---

[120] Die Details zu den in diesem Abschnitt angewandten statistischen Methoden finden sich im Anhang.

[121] Obwohl die beiden Indizes die Länder nicht immer in der gleichen Reihenfolge anordnen, gehen sie prinzipiell in die gleiche Richtung. Baimbridge / Darcy (2001) nehmen für das Wahlergebnis von 1999 eine detaillierte Proportionalitätsanalyse vor, die noch weitere Indizes berücksichtigt und zusätzlich Aussagen zur Divergenz und Signifikanz der einzelnen Maße sowie zur Parteienrepräsentation einschließt. Beim Gallagher-Index ermitteln Baimbridge / Darcy im Vergleich zu den Berechnungen in dieser Arbeit teils identische, teils leicht abweichende Ergebnisse. Da Baimbridge / Darcy aber davon absehen, ihre Vorgehensweise für Grenz- und Sonderfälle zu erläutern, lassen sich die Unterschiede nicht aufklären. Sie sind aber nicht so gravierend, als dass grundlegende Aussagen davon betroffen wären.

Tab. 5: Proportionalitätswerte bei den Europawahlen 2004 und 1999 in den Mitgliedstaaten der EU

| Europawahlen 2004 | | | Europawahlen 1999 | | |
|---|---|---|---|---|---|
| Land | Gallagher | Rose | Land | Gallagher | Rose |
| ITA | 1,17 | 97,50 | ITA | 1,22 | 96,90 |
| NED | 2,53 | 96,05 | ESP | 1,74 | 97,75 |
| POR | 2,83 | 96,70 | NED | 2,34 | 96,15 |
| GRE | 2,94 | 96,70 | SWE | 2,76 | 95,40 |
| HUN | 3,05 | 96,25 | AUT | 2,90 | 96,25 |
| SWE | 3,19 | 94,55 | FRA | 2,90 | 95,65 |
| ESP | 3,21 | 95,80 | GRE | 4,19 | 93,65 |
| POL | 3,37 | 95,75 | FIN | 4,40 | 93,50 |
| DEU | 3,96 | 95,05 | DEU | 4,44 | 94,30 |
| DEN | 4,48 | 92,50 | BEL | 4,87 | 89,80 |
| BEL | 4,54 | 91,40 | POR | 5,16 | 93,85 |
| AUT | 4,68 | 94,20 | DEN | 6,69 | 89,90 |
| FIN | 5,83 | 91,50 | GBR | 8,23 | 87,90 |
| GBR | 6,98 | 90,55 | LUX | 8,58 | 89,45 |
| CZE | 6,42 | 92,20 | IRL | 9,30 | 88,25 |
| SVK | 6,57 | 90,25 | | | |
| CYP | 6,71 | 91,60 | | | |
| LTU | 6,94 | 91,25 | | | |
| MLT | 8,20 | 94,10 | | | |
| LUX | 10,05 | 89,05 | | | |
| FRA | 9,07 | 87,55 | | | |
| SLO | 9,71 | 88,65 | | | |
| EST | 10,81 | 87,65 | | | |
| LAT | 11,42 | 86,70 | | | |
| IRL | 13,55 | 85,95 | | | |

Einige Länder kommen für 2004 und 1999 auf recht unterschiedliche Werte (Spanien, Vereinigtes Königreich, Portugal, Irland), ohne dass sie – abgesehen von der neuen Mandatskontingentierung nach dem Vertrag von Nizza – das Wahlsystem geändert hätten. Daraus wird ersichtlich, dass für die Proportionalität des Wahlergebnisses nicht nur die verschiedenen wahlsystemgestalterischen Elemente verantwortlich sind, sondern auch das Wahlverhalten der Bürger, das mitunter einen größeren Einfluss auf die Proportionalität hat als die gesetzlichen

Rahmenbedingungen und das durch ein Wahlsystem allenfalls geringfügig über psychologische Effekte gesteuert werden kann.

Welche Auffälligkeiten lassen sich trotz dieser einschränkenden Vorbemerkungen nennen, und welche Gründe lassen sich dafür anführen? Zunächst sticht ins Auge, dass die Länder mit beständig hohen Proportionalitätsgraden (wie etwa Italien und die Niederlande) über mehrere oder sogar alle der folgenden proportionalitätsfördernden Elemente verfügen: einen relativ großen nationalen Wahlkreis, die Stimmenverwertung auf nationaler Ebene, das Fehlen einer künstlichen Sperrklausel und die Verrechnungsmethode LR-Hare.

Im Vergleich der „Großen" kann Italien unter anderem deshalb höhere Werte als die anderen Länder erzielen, weil (abgesehen von Spanien) alle anderen konzentrationsfördernde Elemente in ihr Wahlsystem eingebaut haben: regionale Wahlkreise (Großbritannien), Sperrklauseln (Deutschland und Polen) oder sogar beides (Frankreich).

Für Frankreich erklären sich die im Vergleich zu 1999 deutlich niedrigeren Werte des Jahres 2004 mit dem Wechsel des Wahlsystems. Die Einführung regional unverbundener Wahlkreise und der Transfer der zuvor national angesetzten künstlichen Sperrklausel auf die regionale Ebene haben die Exaktheit der Umsetzung der Stimmen in Mandate beeinträchtigt. Großbritanniens – zumindest im Vergleich der „Großen" – mäßigen Werte sind ebenfalls auf die regionalen Wahlkreise zurückzuführen. Der Fortschritt ist aber beträchtlich, wenn man als weitere Vergleichswerte die Indizes des Jahres 1994 heranzieht, als auf der Insel zum letzten Mal bei Europawahlen nach dem Mehrheitswahlrecht gewählt wurde. Seinerzeit betrug der Rose-Index 72,99, der Gallagher-Index 22,97. Deutschland erzielte 2004 trotz der künstlichen Sperrklausel einen befriedigenden Wert, weil die Zahl der „wasted votes" dadurch relativ gering war, dass sowohl die FDP als auch die PDS mit jeweils 6,1 Prozent der abgegebenen Stimmen die Fünf-Prozent-Hürde knapp übersprangen. Anders dagegen im Jahr 1994, als die Sperrklausel besonders „zuschlug" und eine parlamentarische Repräsentation sowohl der FDP (4,1 Prozent) als auch der PDS (4,7 Prozent) verhinderte. Dies macht die Proportionalitätsanalyse unmittelbar sichtbar (Rose-Index: 86,15, Gallagher-Index: 9,63)

Irland kommt unter anderem deshalb auf relativ niedrige Proportionalitätswerte, weil das Mandatskontingent nicht nur insgesamt klein ist, sondern weil die Mandate zusätzlich in unverbundenen Dreier- und Vierwahlkreisen vergeben werden. Zusätzlich spielen unabhängige Kandidaten eine relativ große Rolle (bei der jüngsten Wahl schafften zwei den Sprung ins EP), die in der Berechnung nicht berücksichtigt worden sind (siehe Anhang).

Verändert man nun den Blickwinkel und schaut auf die transnationalen Fraktionen[122] (Tab. 6 und 7), so weisen die Indizes sowohl 2004 als auch 1999 relativ hohe Proportionalitätswerte aus. Dies verdeutlicht bereits: Es ist arithmetisch keineswegs zwingend, dass sich die Werte mit dem Durchschnittswert der Proportionalitätsindizes für die einzelnen Mitgliedstaaten decken. Auf der europäischen Ebene kommen nämlich die Mandatskontingentierung und die Wahlbeteiligung[123] in den einzelnen Ländern als Variablen hinzu. Der Proportionalitätswert für die gesamte EU könnte also theoretisch ebenso gut weit unterhalb eines Mittels aller nationalen Werte liegen. Wenn wir hier aber beobachten, dass die Proportionalität mit Blick auf die transnationalen Fraktionen in etwas stärkerem Maße gegeben ist als im Durchschnitt der Mitgliedstaaten, dann lässt das darauf schließen, dass sich gewisse nationale Verzerrungen gegenseitig wieder aufheben. Interpretationen werden damit erschwert[124].

Dennoch lassen sich aus den Zahlenwerten einige Erkenntnisse gewinnen: Nach der Wahl 2004 sind sechs von acht Fraktionen[125] leicht bis mittelstark überrepräsentiert. Zumindest eine leichte Überrepräsentation der Parlamentsparteien ist dabei nicht ungewöhnlich; der zwingende Restriktionseffekt eines jeden Wahlsystems macht sie quasi zum Normalfall. So hat beim jüngsten Urnengang die EVP am stärksten vom Wahlsystem profitiert, das ihr bei 33 Prozent Stimmenanteil mit 268 Mandaten

---

[122] Zur Zusammensetzung der transnationalen Fraktionen in Bezug auf die Mitgliedszahlen aus den einzelnen Mitgliedstaaten: siehe Anhang.

[123] In Griechenland, Belgien, Luxemburg und Zypern herrscht sogar Wahlpflicht. Das bringt eine hohe Wahlbeteiligung mit sich und „verteuert" die Sitze im Sinne einer möglichst günstigen Stimmen-Mandate-Relation.

[124] Damit ist gemeint, dass eine Fraktion sich gleichzeitig aus Abgeordneten zusammensetzen kann, deren Mandate überdurchschnittlich viele Stimmen gekostet haben, und aus solchen, deren Mandate vergleichsweise „billig" waren. Die Einzeleffekte sind dann nur noch schwer isolierbar.

[125] Die Fraktionslosen werden auch hier als eigene Fraktion gezählt (siehe Kap. 1.2.).

immerhin 36,71 Prozent aller Sitze beschert hat. Die Liste VEL/NGL sowie die Grünen haben nach den Wahlen 2004 dagegen einen Mandatsanteil, der leicht unter ihrem Stimmenanteil bleibt.

Tab. 6: Proportionalitätswerte für die transnationalen Fraktionen im EP bei den Europawahlen 2004

| | Stimmenanteil | Mandate | Mandatsanteil |
|---|---|---|---|
| EVP | 33,00 | 268 | 36,71 |
| SPE | 25,70 | 200 | 27,40 |
| ALDE | 11,08 | 87 | 11,92 |
| Grüne | 6,42 | 42 | 5,75 |
| VEL/NGL | 5,89 | 41 | 5,62 |
| UEN | 3,65 | 27 | 3,70 |
| IND DEM | 4,85 | 36 | 4,93 |
| FL | 3,76 | 29 | 3,97 |
| Sonstige | 5,63 | - | - |
| | | | |
| | | 730 | |

| | |
|---|---|
| Gallagher | 2,99 |
| Rose | 96,24 |

Die relativ deutliche Überrepräsentation der Christdemokraten und Konservativen ist aber eher zufällig und keineswegs einem systemimmanenten Bias zu ihren Gunsten geschuldet. Dies zeigt der Vergleich mit dem Jahr 1994: Damals überstieg der Mandatsanteil der SPE deren Stimmenanteil um fast sieben Prozentpunkte[126]. Anders ausgedrückt: Die Sozialdemokraten konnten sich 1994 über 43 Mandate mehr freuen, als ihnen bei einer ausschließlichen Berücksichtigung ihres Stimmenanteils zugestanden hätten. Währenddessen liegt die Benachteiligung der VEL/NGL und der Grünen 2004 an der Zusammensetzung der Fraktionen, die überwiegend aus Abgeordneten aus den großen Mitgliedstaaten bestehen. So kommen 24 der 42 Grünen-Abgeordneten aus Deutschland, Frankreich und Großbritannien. In diesen Ländern kostet ein Mandat wegen der Kontingentierung, welche die großen Staaten benachteiligt, relativ viele Stimmen.

Für 1999 fällt der Befund nicht grundsätzlich anders aus als für 2004: In der vergangenen Legislaturperiode waren sieben von neun Fraktionen leicht überrepräsentiert (am stärksten die SPE mit 2,2 Prozentpunkten); von Unterrepräsentation war hingegen am deutlichsten die TUA betroffen, bei der 16 von 18 Abgeordneten aus Frankreich und Italien kamen. Abgesehen davon, dass wie erwähnt die Mandate in den großen Mitgliedstaaten besonders viele Stimmen kosten, haben in Italien die hohe Proportionalität auf nationaler Ebene und die überdurchschnittliche Wahlbeteiligung[127] den „Verteuerungs-Effekt“ dort noch verstärkt. Die „Strafe“: eine Unterrepräsentation von 1,3 Prozentpunkten.

[126] Diese Verzerrung war vor allem dem erdrutschartigen Wahlsieg der Labour-Party in Großbritannien und dem Effekt des seinerzeit auf der Insel noch angewandten Mehrheitswahlrechts zuzuschreiben.
[127] Zur Wahlbeteiligung in den einzelnen Ländern siehe Anhang.

Tab. 7: Proportionalitätswerte für die transnationalen Fraktionen im EP bei den Europawahlen 1999

| | Stimmenanteil | Mandate | Mandatsanteil |
|---|---|---|---|
| EVP | 36,23 | 232 | 37,18 |
| SPE | 26,65 | 180 | 28,85 |
| LIB | 6,47 | 50 | 8,01 |
| Grüne | 6,62 | 48 | 7,69 |
| VEL/NGL | 6,85 | 42 | 6,73 |
| UEN | 4,58 | 30 | 4,81 |
| TUA | 4,21 | 18 | 2,88 |
| EDU | 1,95 | 16 | 2,56 |
| FL | 0,97 | 8 | 1,28 |
| Sonstige | 5,47 | - | - |
| | | | |
| | | 624 | |

| | |
|---|---|
| Gallagher | 2,41 |
| Rose | 95,82 |

Insgesamt ist der aus der Analyse für die transnationalen Fraktionen hervorgehende Proportionalitätsgrad besonders nach der Abschaffung des Mehrheitswahlrechts in Großbritannien kaum geringer als in vielen Nationalstaatswahlen (vgl. Nohlen (2004a: 182) oder insgesamt Lijphart (1994)). Eine Absage an die Bestrebungen für ein einheitliches und gleiches Wahlrecht, das sich noch stärker am Ideal der proportionalen Repräsentation orientiert, ergibt sich daraus aber nicht. Die bestehende Mandatskontingentierung und die ungleichen Wahlsysteme rufen noch immer eine überflüssige und überwindbare Verzerrung hervor. Zu einer exakter proportionalen Umsetzung der Stimmen in Mandate sollte schon der Umstand Anlass geben, dass 2004 5,63 Prozent und 1999 5,47 Prozent aller in der EU abgegebenen gültigen Stimmen bei der Mandatsvergabe keine Rolle spielten. Dafür ist wiederum nicht das Wahlsystem allein verantwortlich, aber Konzentrationsanreize, die im Falle des EP unangemessen sind, verstärken diese Tendenz.

## 4.3. Mandatskontingentierung

In Kap. 3.4 ist darauf hingewiesen worden, dass die gängige Praxis der Mandatskontingentierung für das EP, die wahlsystematisch einer Unterteilung in unverbundene Wahlkreise unterschiedlicher Größe entspricht, im Widerspruch zum Gleichheits- und Demokratiegebot der Verträge steht. Hier soll nun skizziert werden, worin die Verzerrungen bestehen bzw. wie sie entstanden sind und welche Reformoptionen bestehen.

Vollzieht man die historische Entwicklungslinie der Sitzzuteilung nach, so ist ersichtlich, dass politische Machtkalküle stets eine dominierende Rolle gespielt haben. Noch das heutige Modell lässt sich auf die Gründungsverhandlungen des Europarates – einer rein zwischenstaatlichen Organisation – zurückführen. Die ursprüngliche Sitzverteilung für das EP ergab sich für die EG-Mitgliedstaaten[128] aus einer schlichten Verdoppelung der Sitzzahlen in der Parlamentarischen Versammlung des Europarats (Haag / Bieber, in: Groeben et al 1997: 4/71). Ehedem konstitutiv war eine identische Mandatszahl für die großen Mitgliedsländer sowie eine Vertretung der Benelux-Staaten, die der Abgeordnetenzahl eines großen Mitgliedstaates entsprach. Nun soll keineswegs in Abrede gestellt werden, dass die zahlreichen, gerade im Zuge von Beitritten neuer Mitglieder erfolgten Reponderierungen den Weg zu mehr Proportionalität eröffnet haben (vgl. etwa die informative Übersicht bei Westlake 1994: 260). An der Tatsache, dass die erzielten Lösungen stets willkürliche Elemente eines politischen Kompromisses trugen und vor allem immer auf dem jeweiligen Vorgängermodell basierten, hat sich aber nichts geändert. Der lange Zeit gültige ungeschriebene Grundsatz, wonach eine Neugewichtung niemals dazu führen dürfe, dass ein Mitgliedstaat Einbußen bei der absoluten Mandatszahl hinnehmen muss, ist eine aus nationaler Sicht vielleicht nachvollziehbare, aber vollkommen sachfremde Erwägung[129].

Die Neuordnung im Vertrag von Nizza hat mit diesem Prinzip erstmals gebrochen, weil dessen Beibehaltung im Zuge der EU-Osterweiterung eine disfunktionale

---

[128] Der Einfachheit halber wird in der folgenden Darstellung auf die an sich notwendige Differenzierung zwischen den Staaten und den Völkern der Gemeinschaft verzichtet. Siehe im Detail Kap. 3.4.

[129] An genau diesem Prinzip orientieren sich aber die Rechenmodelle von Balinski / Young (1982). Vgl. auch Steffani (1995: 39).

Aufblähung des Parlaments nach sich ziehen gezogen hätte[130]. Die lange Zeit vor allem von Frankreich eisern verteidigte gleiche Gewichtung aller großen Mitgliedstaaten war bereits Anfang der neunziger Jahre durch die deutsche Wiedervereinigung nicht mehr haltbar. Ein unverändertes deutsches Kontingent hätte bedeutet, dass die neuen Bundesländer gar keine Repräsentation hätten erlangen können oder dass die ohnehin unterrepräsentierten Bürger in der alten Bundesrepublik noch weiter an numerischem Gewicht verloren hätten. Beide Varianten erschienen zu Recht als inakzeptabel, so dass sich die Staats- und Regierungschefs auf dem Gipfel von Edinburgh im Dezember 1992[131] dazu durchrangen, die Mandatszahl für Deutschland um 18 auf 99[132] anzuheben – allerdings nicht ohne gleichzeitig eine umfassende inkonsistente Neugewichtung aller Sitze vorzunehmen[133].

Die nun mit und seit der Regierungskonferenz von Nizza vorgenommenen Modifikationen sind überaus kompliziert und unterliegen ständigen Anpassungen, die zwar wegen der sukzessiven Erweiterung teilweise notwendig sein mögen, die aber insgesamt so undurchsichtig sind, dass sie den Eindruck eines intransparenten Geschachers verstärken. Zur Illustration sei zunächst daran erinnert, welche Mandatsverteilung für die Altmitglieder im „Protokoll über die Erweiterung der Europäischen Union“ des Vertrags von Nizza im Prinzip vorgesehen war:

[130] Um einen Kompromiss zu erleichtern, wurde die fixierte Obergrenze für die Mitgliederzahl des Parlaments noch einmal von 700 auf 732 erhöht (Art. 189 Satz 2 EGV).

[131] Beschluss des Rates vom 1. Februar 1993 zur Änderung des dem Beschluss des Rates vom 20. September 1976 beigefügten Akts zur Einführung allgemeiner unmittelbarer Wahlen der Abgeordneten des Europäischen Parlaments (ABl. Nr. L 33 vom 09.02.1993).

[132] Die Zahl 99 wurde im Wesentlichen ausgewählt, damit die symbolische Grenze von 100 nicht überschritten werde (Bocklet 1992: 50). Schon vor der Wahl von 1994 gehörten neben den 81 Abgeordnete der alten Bundesrepublik 18 ostdeutsche Abgeordnete als Beobachter dem Parlament an (vgl. Felder 1991)

[133] Vgl. Corbett / Jacobs / Shackleton (1995: 123). Insbesondere wurde die Erhöhung des bundesrepublikanischen Kontingents um 18 Sitze durch eine Erhöhung der Kontingente von Italien, Frankreich und dem Vereinigten Königreich um jeweils sechs Sitze (insgesamt 18) „ausgeglichen“.

Tab. 8: (Hypothetische) Mandatsverteilung nach dem Vertrag von Nizza (EU-15)

| Land | Mandate Nizza |
|---|---:|
| Deutschland | 99 |
| Frankreich | 72 |
| Ver. Königreich | 72 |
| Italien | 72 |
| Spanien | 50 |
| Niederlande | 25 |
| Griechenland | 22 |
| Portugal | 22 |
| Belgien | 22 |
| Schweden | 18 |
| Österreich | 17 |
| Dänemark | 13 |
| Finnland | 13 |
| Irland | 12 |
| Luxemburg | 6 |
| Gesamt | 535 |

Dies bedeutet aber nicht, dass jemals tatsächlich eine Reduzierung der Sitzzahl auf 535 geplant gewesen wäre. Vielmehr waren in einer an den Vertrag angeschlossenen Erklärung zusätzlich bereits die Kontingente für die Beitrittskandidaten vorgesehen. Diesen entsprechend sollte das EP der EU-27 (EU-25 plus Bulgarien und Rumänien) 732 Abgeordnete haben. Allerdings hatte diese Regelung mehrere Haken: Erstens wären bei dem Schlüssel zwei neue Mitglieder (Ungarn, Tschechien) aus unerfindlichen Gründen deutlich benachteiligt gewesen, weswegen sich das Modell später in den Beitrittsverhandlungen als nicht haltbar erweisen sollte und noch einmal leicht geändert wurde. Und zweitens hätte der neue Schlüssel ohnehin nur dann unverändert in Kraft treten können, wenn alle 12 Kandidatenländer (also auch Bulgarien und Rumänien) gleichzeitig der Union beigetreten wären. Eine vorübergehende Reduzierung der Sitzzahl, die notwendigerweise beim Beitritt von nur 10 Kandidatenländern und unter Beibehaltung der nationalen Kontingente gemäß Nizza eingetreten wäre, war nämlich politisch unerwünscht.

Daher legten die Staats- und Regierungschefs auf dem Gipfel von Nizza in oben erwähntem Protokoll fest, dass im Falle von weniger als 27 Mitgliedsländern vor Beginn der Legislaturperiode 2004-2009 die Kontingente der einzelnen Staaten so angepasst werden sollten, dass die Zahl der Abgeordneten so nah wie möglich an 732 liege, ohne dass allerdings die in der Legislaturperiode von 1999-2004 geltende Sitzzahl eines Landes überschritten werde[134]. Sollten nun weitere Beitrittsverträge innerhalb der laufenden Legislaturperiode in Kraft treten, würden die MEP der „Neu-Mitglieder“ noch hinzukommen, so dass die Gesamtstärke des Parlaments vorübergehend 732 überschreiten dürfte[135].

Der Schlüssel, nach dem die Europawahlen 2004 schließlich stattgefunden haben, konnte im Beitrittsvertrag im September 2003 endgültig fixiert werden. Er basierte auf der Grundlage der Verteilung im Vertrag von Nizza, unter Korrektur der dort vorgesehenen Diskriminierung der Tschechischen Republik und Ungarns und unter Verteilung aller 732 vorgesehenen Sitze an die nunmehr 25 Mitgliedstaaten. Außerdem musste noch eine zusätzliche Lösung gefunden werden, da der Beitritt der „Neuen“ am 1. Mai 2004 bereits sechs Wochen vor den Wahlen stattfand und die zehn Länder für den verbleibenden Zeitraum der „alten“ Legislaturperiode ein Anrecht darauf besaßen, Abgeordnete gemäß ihrer im Beitrittsvertrag bestimmten Kontingente ins EP zu entsenden. Infolgedessen kamen in dieser Übergangszeit zu den 626 Abgeordneten der EU-15, die noch nach den Kontingenten des Amsterdamer Vertrages bestimmt worden waren, weitere 162 hinzu, so dass das EP im Mai / Juni 2004 insgesamt sogar 788 Abgeordnete umfasste.

Zu den jetzt 732 Abgeordneten könnten vor der nächsten Europawahl erneut noch einmal einige hinzukommen, sollten Bulgarien und Rumänien der EU bereits vor 2009 beitreten. Dann würden sie, wie in Nizza entschieden, 33 (Rumänien) bzw. 17 (Bulgarien) Mandate erhalten, und erst mit der 2009 beginnenden Legislaturperiode käme die Zuweisung des Vertrages von Nizza im ursprünglichen Sinne zum Tragen. Allerdings ist es schwer vorstellbar, dass dann wie seinerzeit vereinbart lediglich 732 Mandate vergeben werden. Die in den Beitrittsverträgen beschlossene Aufwertung Tschechiens und Ungarns um jeweils zwei Mandate wird sich kaum

---

[134] Das bedeutet, dass Deutschland und Luxemburg keine weiteren Sitze erhielten (Giering 2001: 114).

[135] Vgl. ABl. C 80/49,50 vom 10.03.2001 (Vertrag von Nizza).

zurücknehmen lassen, so dass mit 736 Sitzen zu rechnen ist. Für eventuelle weitere Beitritte existieren ebenfalls noch keine rechtskräftigen Formeln.

Kompliziert ist also bislang jede neue Mandatskontingentierung gewesen, und ein einmal gefundener Kompromiss wird nur ungern wieder aufgegeben. Was aber bedeutet nun die politisch mühsam errungene, derzeit gültige Verteilung der 732 Mandate für den Grad der Verzerrung, und wie stellt sich diese vor allem im Vergleich zum „alten" Schlüssel nach dem Amsterdamer Vertrag dar, der für die Europawahl des Jahres 1999 Gültigkeit hatte (Tab. 9)?

Die Zahlen zeigen eine starke Verschiebung zugunsten der kleinen Mitgliedsländer – selbst wenn man die Sonderfälle Luxemburg und Malta, wo eine Wählerstimme ein 12-mal höheres Gewicht als in Deutschland hat, beiseite lässt. Zwar gilt abgesehen von der Diskriminierung Schwedens und Österreichs die Regel, dass die Zahl der Bewohner pro Abgeordnetem zunimmt, je mehr Einwohner ein Land hat, jedoch folgt daraus kein erkennbares mathematisches Schema, wonach die Disproportionalität gleichmäßig steigen würde. An diesem Grundtatbestand hat sich durch den aktuellen Schlüssel nichts geändert. Durch die Mandatsreduktionen bei allen (alten) Mitgliedstaaten außer Luxemburg und Deutschland ist die Überrepräsentation der anderen kleinen Staaten zwar reduziert worden[136], jedoch verpufft dieser Effekt durch den Beitritt zahlreicher neuer kleiner Mitgliedstaaten, die ihrerseits wieder überrepräsentiert sind.

[136] Wir haben es aber wiederum nicht mit gleichmäßigen Mandatsreduktionen zu tun – weder absolut noch prozentual (Giering 2001: 111).

Tab. 9: Mandatskontingentierung und Einwohnerzahl (Nizza / Amsterdam)

| | Einwohner (in Tausend) | Mandate 2004-2009 | Einwohner (in Tausend) pro MEP | Mandate Amsterdam | Einwohner (in Tausend) pro MEP |
|---|---|---|---|---|---|
| Deutschland | 82.539 | 99 | 833,7 | 99 | 833,7 |
| Frankreich | 59.901 | 78 | 768,0 | 87 | 688,5 |
| Ver. Königreich | 59.516 | 78 | 763,0 | 87 | 684,1 |
| Italien | 57.804 | 78 | 741,1 | 87 | 664,4 |
| Spanien | 42.198 | 54 | 781,4 | 64 | 659,3 |
| Polen | 38.191 | 54 | 707,2 | | |
| Niederlande | 16.255 | 27 | 602,0 | 31 | 524,4 |
| Griechenland | 11.041 | 24 | 460,0 | 25 | 441,6 |
| Portugal | 10.475 | 24 | 436,5 | 25 | 419,0 |
| Belgien | 10.396 | 24 | 433,2 | 25 | 415,8 |
| Tschech. Rep. | 10.212 | 24 | 425,5 | | |
| Ungarn | 10.117 | 24 | 421,5 | | |
| Schweden | 8.976 | 19 | 472,4 | 22 | 408,0 |
| Österreich | 8.114 | 18 | 450,8 | 21 | 386,4 |
| Dänemark | 5.398 | 14 | 385,6 | 16 | 337,4 |
| Slowakei | 5.380 | 14 | 384,3 | | |
| Finnland | 5.220 | 14 | 372,9 | 16 | 326,3 |
| Irland | 4.025 | 13 | 309,6 | 15 | 268,3 |
| Litauen | 3.446 | 13 | 265,1 | | |
| Lettland | 2.319 | 9 | 257,7 | | |
| Slowenien | 1.996 | 7 | 285,1 | | |
| Estland | 1.351 | 6 | 225,2 | | |
| Zypern | 731 | 6 | 121,8 | | |
| Luxemburg | 452 | 6 | 75,3 | 6 | 75,3 |
| Malta | 400 | 5 | 80,0 | | |
| Gesamt | 456.453 | 732 | | 626 | |

Auf der Suche nach einem Ausweg bietet sich eine Fülle von Alternativen an. Innovative gesamteuropäische Lösungen mit supranationalen Wahlkreisen (Wolf 2000) klingen für die Zukunft verheißungsvoll, scheinen aber zu früh zu kommen. Wie in Kap. 3.4 ausgeführt, ist es durchaus angebracht, die Staatsgrenzen als Wahlkreisgrenzen beizubehalten. Daher sollte auch auf einen regionalen Benelux-

Wahlkreis (Partsch 1978: 306, Müller-Graff 1977: 43), der das „Luxemburg-Problem" beheben helfen könnte, weiterhin verzichtet werden.

Unter dem prinzipiellen Regime nationaler Wahlkreise[137] denk- und realisierbar sind Anreizstrukturen wie die Vergabe einiger Mandate nach transnationalen Listen (Anastassopoulos-Bericht, siehe Kap. 4.4) oder der sehr interessante Vorschlag von Brew (1981: 277), der ein kompensatorisches System nach dänischem Vorbild installieren möchte und damit eine hohe Wahlbeteiligung[138] belohnen sowie einen Impetus für europäische Listenverbindungen geben will[139].

Der hier vorzustellende Schlüssel geht von einer direkten Zuweisung aller Sitze an die nationalen Wahlkreise aus (Kontingentierung); er könnte aber problemlos die Ansätze von Anastassopoulos und Brew integrieren. Wir nehmen dafür die aktuelle Gesamtsitzzahl von 732 an. Wählt man eine orthodoxe Methode, so erfolgt die Mandatszuteilung streng proportional nach der Bevölkerungszahl[140]. Dann aber würde zumindest bei der Methode d'Hondt der pathologische Fall eintreten, dass die Wahlkreise Malta und Luxemburg überhaupt kein Mandat zugewiesen bekämen. Selbst wenn man beiden Ländern je ein Mandat ließe, wären in diesen Wahlkreisen nicht die Grundsätze der Verhältniswahl verwirklicht. Es stünde ferner zu befürchten, dass bei einer so brachialen Verkleinerung des Kontingents eine Akzeptanz des Schlüssels nicht zu erreichen wäre.

---

[137] Der Begriff meint die Primär-Unterteilung des gesamten EU-Wahlgebiets in unverbundene Wahlkreise, die sich jeweils mit dem Staatsgebiet eines Mitgliedstaats decken.

[138] Eine noch stärkere Betonung der Wahlbeteiligung wäre gegeben, wenn die Sitze ausschließlich nach den erzielten Stimmen und damit ohne vorher fixierte Kontingente an die nationalen Wahlkreise vergeben würden. Dabei sind zwei Verfahren denkbar: nämlich eine Distribution bei fester Gesamtsitzzahl oder eine komplett automatische Methode wie in der Weimarer Republik. Beide Vorschläge beinhalten aber einen hohen Unsicherheitsfaktor für Parteien und Wähler und sind relativ intransparent; bei der zweiten Methode käme eine nicht hinnehmbare Ungewissheit über die tatsächliche Größe des Parlaments hinzu.

[139] Zumindest bei Verrechnung nach der Methode d'Hondt wären große Parteien, in diesem Fall also transnationale Listenverbindungen, bei der Vergabe der kompensatorischen Sitze bevorzugt.

[140] Grundsätzlich ist es dem Gesetzgeber unbenommen, die Einwohnerzahl oder die Zahl der Unionsbürger oder auch nur die Zahl der Wahlberechtigten anzusetzen (Lenz 1995: 340). Es sollte lediglich für alle nationalen Wahlkreise die gleiche Bemessungsgrundlage herangezogen werden. Außerdem erscheint es sinnvoll, am Ende jeder Legislaturperiode die Sitzverteilung auf der Basis der demographischen Entwicklung zu überprüfen (Wolf 2000: 737, Balinski / Young 1982: 361) und gegebenenfalls Korrekturen vorzunehmen.

Eine elegante Lösung bieten so genannte Grundmandate – Sitze, die an die Wahlkreise ohne Ansicht ihrer Bevölkerungszahl zugeteilt werden. Spanien, die Schweiz und die USA kennen unterschiedliche Spielarten dieses Modells für die Wahl ihrer nationalen Parlamente. Das Verfahren verdient vor dem Aspekt der Proportionalität desto mehr kritische Aufmerksamkeit, je mehr Mandate auf diese Weise vergeben werden[141]. Ist deren Anteil nur gering, lässt sich der Eingriff in die Wahlrechtsgleichheit verschmerzen.

Nach dem Schlüssel in Tab. 10 werden an jeden nationalen Wahlkreis zunächst drei Grundmandate vergeben. Damit läge der Gesamtanteil der Grundmandate bei noch vertretbaren 10,2 Prozent. Sodann werden die übrigen 657 Mandate gemäß den Bevölkerungszahlen (siehe Tab. 9) nach der Methode Sainte-Laguë (Spalte 2) bzw. nach der Methode d'Hondt (Spalte 3) vergeben.

Es ist zu erkennen, dass Sainte-Laguë die kleinen nationalen Wahlkreise aufgrund des proportionaleren Ergebnisses besser stellt als d'Hondt. Daher ist dieses Verfahren zu bevorzugen. Auch die Tatsache, dass Luxemburg, Malta und Zypern[142] neben den drei Grundmandaten noch ein „ehrlich erworbenes" Mandat erhalten, spricht für diesen Schlüssel. Zwar ist gemäß der Wahlsystematik des Kap. 1.1 eine Wahl im Viererwahlkreis dem Repräsentationsprinzip Mehrheitswahl noch immer sehr nahe. Dieser Nachteil ist jedoch in Kauf zu nehmen, da die Alternative eine Steigerung der Zahl der Grundmandate wäre, welche die Disproportionalität weiter erhöhen würde.

---

[141] In Spanien entfallen fast 30 % der Parlamentssitze als Grundmandate auf die Provinzen (Lenz 1995: 337).

[142] Die Tatsache, dass Zypern trotz seiner fast doppelt so hohen Einwohnerzahl genauso viele Mandate erhält wie Malta, mag auf den ersten Blick „ungerecht" erscheinen. Das Ergebnis gehorcht aber einer strengen mathematischen Logik und hängt damit zusammen, dass im Hinblick auf die gesamte EU die Bevölkerungen von Malta und von Zypern beide sehr klein sind. Der EU-weit nur marginal höhere Bevölkerungsanteil Zyperns hat also bei der Zuteilung nicht für ein weiteres Mandat ausgereicht, genauso wie in jedem anderen Land ein Bevölkerungsanstieg um etwa 300.000 Einwohner im Durchschnitt keinen weiteren Sitz nach sich ziehen würde.

Tab. 10: Mandatskontingentierung im EP: Modell nach dem gültigen EG-Vertrag und Reformoptionen

| Land | Mandate nach Nizza | Mandate nach Sainte-Laguë mit 3 Grundmandaten | Mandate nach d'Hondt mit 3 Grundmandaten |
|---|---|---|---|
| Belgien | 24 | 18 | 18 |
| Dänemark | 14 | 11 | 10 |
| Deutschland | 99 | 121 | 124 |
| Estland | 6 | 5 | 4 |
| Finnland | 14 | 10 | 10 |
| Frankreich | 78 | 89 | 91 |
| Griechenland | 24 | 19 | 19 |
| Irland | 13 | 9 | 8 |
| Italien | 78 | 86 | 87 |
| Lettland | 9 | 6 | 6 |
| Litauen | 13 | 8 | 8 |
| Luxemburg | 6 | 4 | 3 |
| Malta | 5 | 4 | 3 |
| Niederlande | 27 | 26 | 26 |
| Österreich | 18 | 15 | 14 |
| Polen | 54 | 58 | 59 |
| Portugal | 24 | 18 | 18 |
| Schweden | 19 | 16 | 16 |
| Slowakei | 14 | 11 | 10 |
| Slowenien | 7 | 6 | 5 |
| Spanien | 54 | 64 | 64 |
| Tschech. Rep. | 24 | 18 | 18 |
| Ungarn | 24 | 18 | 17 |
| Ver. Königreich | 78 | 88 | 90 |
| Zypern | 6 | 4 | 4 |
| Gesamt | 732 | 732 | 732 |

Bei der vorliegenden Formel „Proportionalität plus Grundmandate“ hätten kleine Parteien in den bevölkerungsschwächeren Ländern aufgrund der Mandatsreduzierung im Vergleich zum „Nizza-Schlüssel“ größere Schwierigkeiten als zuvor, ins EP einzuziehen. Die gestiegene faktische Sperrklausel darf aber nicht als unerträglicher Eingriff in das Gleichheitsprinzip missverstanden werden. Einen solchen könnte man zu begründen versuchen, indem man nur die prozentualen Werte der faktischen Sperrklauseln kontrastiert: 25 Prozent in Luxemburg, weniger als ein Prozent in Deutschland. Dies verstellt aber den Blick dafür, dass in Luxemburg wegen der leichten Verzerrung durch die Grundmandate ein Kandidat bzw. eine Partei absolut immer noch weniger Stimmen für ein Mandat benötigt als etwa in Deutschland. Der hier vorgeschlagene Schlüssel reduziert die Unterschiede aber spürbar, so dass die gestiegene Amplitude bei den auf die nationalen Wahlkreise bezogenen prozentualen faktischen Sperrklauseln keine stärkere Ungleichheit der Bürger Europas indiziert, sondern das genaue Gegenteil (vgl. Murswiek 1980: 125). Auch die Zahl der „wasted votes" würde insgesamt nicht steigen, weil der leicht geringeren Erfolgswahrscheinlichkeit einer Stimme in den Ländern mit reduzierter Mandatszahl eine marginal verbesserte Chance für einen Wähler in einem großen Mitgliedsland gegenüberstünde.

Auf dem Weg zu einem proportionalen Modell mit Grundmandaten stellen die Bestimmungen des Vertragsentwurfs über eine Verfassung für Europa einen Rückschritt dar. In Bezug auf die Art der Repräsentanz der Unionsbürger im EP ist im Art. I-20 der Begriff „degressiv proportional" für die Verteilung der höchstens 750 Mandate in den Text eingefügt worden[143]. Eventuell könnte man sich darunter eine mathematische Überlegung vorstellen, bei der die Proportionalität gleichmäßig mit steigender Einwohnerzahl abnimmt. Dass aber de facto der Verfassungsentwurf die gegenwärtige Praxis zementieren bzw. in der Zukunft Raum für weiteres Feilschen um die Mandate lassen will, zeigt schon der Zusatz in Art. I-20, wonach jeder Mitgliedstaat mit mindestens sechs Mitgliedern und keiner mit mehr als 96 Sitzen im Parlament vertreten sein soll. Dies könnte paradoxerweise bedeuten, dass die deutschen Unionsbürger, die wie erläutert bereits bisher am stärksten unterrepräsentiert sind, weitere drei Mandate verlieren. Die Klausel verwundert umso mehr, als der Verfassungsentwurf im gleichen Artikel davon spricht, dass sich das Europäische Parlament aus „Vertretern der Unionsbürgerinnen und Unionsbürger" zusammensetzt. Wenn damit die Formulierung des EG-Vertrags aufgegeben wird, wonach dem EP „die Vertreter der Völker der Mitgliedstaaten"

[143] Zu beachten ist die erneute Erhöhung im Vergleich zum Vertrag von Nizza (Obergrenze 732 Abgeordnete).

angehören, müsste daraus eigentlich folgen, dass den Bürgern als Unionsbürgern ein höherer Stellenwert als zuvor eingeräumt wird, was sich wiederum in einer besonderen Sensibilität für den Gleichheitsaspekt niederschlagen müsste. Dass das genaue Gegenteil zutrifft, ist kurios.

Möglicherweise erklärt sich der Widerspruch durch die Vorlage des Europäischen Konvents. Das Gremium hatte nämlich in seinem Vorschlag, der die Grundlage des Entwurfs der Regierungskonferenz darstellt, die Formulierung von den „europäischen Bürgerinnen und Bürgern" gewählt, bezüglich der Mandatsverteilung aber nicht die gleichen restriktiven Ober- und Untergrenzen wie die Regierungskonferenz ins Auge gefasst. Nach Art. I-19 des Konventsentwurfs soll bei der Verteilung der (hier höchstens) 736 Mandate lediglich gewährleistet sein, dass mindestens vier MEP pro Mitgliedstaat entsandt werden. Eine Obergrenze existiert nicht. Daraus folgt: Hätte der ER den Vorschlag des Konvents direkt und ohne Modifikationen übernommen, hätte sich das in dieser Arbeit favorisierte Grundmandatemodell im Einklang mit der zukünftigen Verfassung einführen lassen.

## 4.4. Wahlsystem, Wahlkreise, Wahlbezirke

Seitdem Großbritannien im Dezember 1997 sein Europawahlrecht reformiert hat, wird das EP in allen EU-Staaten nach dem Verhältniswahlrecht gewählt – allerdings, wie die synoptische Darstellung in Kap. 4.1 ausweist, nach wie vor mit erheblichen Unterschieden. In Bezug auf die Wahlkreiseinteilung haben sich 21 Mitgliedstaaten für einen nationalen Einheitswahlkreis entschieden. Das Vereinigte Königreich wählt nach zwei unterschiedlichen Wahlsystemen: In Nordirland werden drei Mandate in einem Wahlkreis per STV vergeben; in Großbritannien werden 75 Abgeordnete über Listenwahlen in 11 unverbundenen regionalen Mehrpersonenwahlkreisen mit drei bis zehn zu vergebenden Mandaten bestimmt[144]. In Irland wird ebenfalls nach STV gewählt – in einem Vierer- und drei

[144] Der Grund für die Sonderbehandlung Nordirlands besteht in der konfliktiven politischen Lage mit einer protestantischen Mehr- und einer katholischen Minderheit. STV im Dreierwahlkreis soll dafür sorgen, dass zumindest ein katholischer Vertreter den Sprung nach Straßburg schafft.

Dreierwahlkreisen[145]. Belgien ist aufgrund seiner besonderen ethnischen Zusammensetzung in einen flämischen (14 Mandate), einen wallonischen (9 Mandate) und einen deutschsprachigen Wahlkreis (ein Mandat) eingeteilt. Die Wähler der gemischtsprachigen Region Brüssel–Hal-Vilvoorde können sich individuell entscheiden, für welchen der beiden großen Landesteile sie ihre Stimme abgeben wollen. In Frankreich hat es 2003 eine Reform des Europawahlrechts gegeben. Wurde zuvor in einem nationalen Einheitswahlkreis gewählt, so fand mit der gesetzlichen Neuregelung eine Unterteilung in unverbundene regionale Mehrpersonenwahlkreise (ähnlich wie in Großbritannien) statt. Im kleinsten Wahlkreis (Überseeische Gebiete) werden drei Mandate vergeben, im größten (Ile de France) 14. Im italienischen Wahlrecht spricht man zwar bei der Unterteilung des Wahlgebiets von fünf Wahl*kreisen*, die Verrechnung der Stimmen erfolgt aber nicht wie in Großbritannien, Belgien, Frankreich und Irland auf der Wahlkreisebene, sondern im nationalen Rahmen, wodurch die Einteilung eher einem nationalen Einheitswahlkreis mit regionalen Wahl*bezirken* gleicht. Analoges gilt für das polnische Modell. Damit ähneln die Regelungen dem deutschen Wahlsystem, wo die Parteien regionale Listen einreichen können, dies aber nicht müssen[146]. Apparentment zwischen den Listen verschiedener Wahlvorschlags-berechtigter kennen zum Beispiel das dänische sowie das niederländische Europawahlgesetz (Lijphart 1994: 134)[147].

---

[145] Vor der Mandatsreduzierung von 15 auf 13 hat Irland in drei Vierer- und einem Dreierwahlkreis gewählt. Obwohl in Irland bei der Europawahl 2004 Politiker unterschiedlichster Couleur den Einzug ins EP geschafft haben, befördert das Vorherrschen von Dreierwahlkreisen das irische Europawahlsystems doch stark in die Nähe eines Mehrheitswahlsystems. Auch in diesem speziellen Fall ist daher die Abschaffung von regionalen unverbundenen MPWK zu befürworten (siehe unten).

[146] In Deutschland können sich die Parteien entweder über Landeslisten oder Bundeslisten (i.e. gleiche Landeslisten in allen Wahlbezirken / Bundesländern) zur Wahl stellen (vgl. EuWG §§ 2, 9 und 11). Der noch aus den 70er Jahren stammende Kompromiss im Europawahlgesetz entsprang allerdings keiner besonderen wahlsystematischen Überlegung, sondern politischen Kalkülen: So wollten CDU und FDP durch die Option auf Landeslisten verhindern, dass die CSU bundesweit antritt. Die FDP bevorzugte dagegen für sich selbst stets eine einheitliche Bundesliste – genau wie die SPD. Vgl. ausführlich zu diesem Thema Partsch (1978), Hahlen (1978), Schreiber / Schrötter (1978), Grabitz / Läufer (1980), Woyke / Steffens (1978) sowie die aufschlussreiche Simulation von Rattinger (1977) für verschiedene Modelle anlässlich der ersten Europawahl in Deutschland.

[147] Die Frage, ob Apparentment für ein einheitliches Europawahlsystem zugelassen werden sollte, ist ein unwesentlicher Randaspekt. Bei dem Fokus, der in dieser Arbeit auf die proportionale Repräsentation gelegt wird (auch bei der Verrechnungsmethode, siehe Kap.

Für ein vereinheitlichtes Europawahlrecht ist die grundsätzliche Abschaffung von unverbundenen subnationalen Wahlkreisen, in denen die Mandatsvergabe stattfindet, zu empfehlen: Solche Wahlkreise erschweren durch ihre zumeist geringe Größe kleinen Parteien in unnötiger Weise den Zugang zum Parlament und erhöhen die Zahl der „wasted votes". Die im Vergleich zu anderen Ländern mit einer jeweils ähnlichen Mandats- bzw. Bevölkerungszahl schlechten Proportionalitätsindizes für das Vereinigte Königreich, Frankreich und Irland bestätigen dies. Der Effekt wird mitunter verstärkt durch eine im Verhältnis zur Bevölkerungszahl ungenaue Zuweisung der Mandate auf die einzelnen Wahlkreise. Wenn sich eine Bevölkerungsgruppe den Wahlkreis, in dem sie wählt, wie in Belgien sogar noch aussuchen kann, wird er unkalkulierbar. Zwar hat dies in Belgien trotz kleinerer Verzerrungen bisher nicht zu heftigen Ungleichgewichten geführt (siehe Kap. 4.2, vgl. Steed 1981: 305), eine überflüssige Quelle potenzieller Verschiebungen liegt gleichwohl vor. Darüber hinaus missachtet die beschriebene Form der Zuteilung eine regional differierende Wahlbeteiligung, wodurch Stimmen in Gebieten mit niedriger Wahlbeteiligung ein höheres Gewicht erhalten. Zwar ist dieses Problem im Zusammenhang mit der Zuweisung von Kontingenten an die nationalen Völker gegenüber anderen Erwägungen als vernachlässigenswert eingestuft worden; auf der Ebene eines relativ homogenen nationalen Wahlgebiets wiegt das Argument jedoch deutlich stärker.

Die kategorische Ablehnung regionaler Wahlkreise – genauer: der Stimmenverrechnung auf regionaler Ebene – wendet sich aber keineswegs gegen regionale Elemente, welche das Verhältnis der national erzielten Stimmen berücksichtigen. Schließlich ist Regionalisierung eng verbunden mit Bürgernähe: Wird der Bezug der Bürger zu ihren Abgeordneten gestärkt, gewinnt auch deren Handeln und damit das gesamte politische System der EU an Legitimität. Eine Möglichkeit, ein solches Ansinnen umzusetzen, ist die personalisierte Verhältniswahl, die im Zusammenhang mit den Europawahlen immer wieder diskutiert worden ist[148]. Allerdings hat sich dieses System aus zwei Gründen als ungeeignet erwiesen: Erstens würden die EWK schon dann riesige Ausmaße

4.7), würden Listenverbindungen unterschiedlicher Parteien ohnehin kaum größere Erfolgschancen haben, als wenn die Parteien alleine kandidierten. So könnte man die Apparentment-Frage, da sie die Gleichheit nur marginal beeinflusst, in das Ermessen der Mitgliedstaaten stellen.

[148] So im Vorfeld des Seitlinger-Berichts (1982) und des Bocklet-Berichts (1985).

annehmen, wenn wie im deutschen Bundestagswahlrecht 50 Prozent der Sitze in ihnen vergeben würden. Damit ginge der Personalisierungseffekt wieder verloren (Birke 1961: 107, Ockenfels 1987: 261). Zweitens müsste um jeden Preis das Entstehen von Überhangmandaten verhindert werden, da die nationale Gesamtzahl der Mandate bekanntlich festgelegt ist. Der Anteil der EWK im Vergleich zur Zahl der Listenmandate wäre also zu reduzieren, wodurch die EWK noch größer würden. Somit gäbe es nur noch wenige über den EWK gewählte MEP; es bestünde die Gefahr einer Zweiklassengesellschaft unter den Abgeordneten (Schönberger 1994: 95).

Viel versprechender scheint ein System regionaler Wahl*bezirke* mit nationaler Stimmenverrechnung zu sein (vgl. die Regelungen in Deutschland, Italien und Polen). Dann wäre das Wahlgebiet in eine bestimmte Anzahl solcher Bezirke zu unterteilen, in denen die Parteien jeweils Wahlvorschläge unterbreiten. Um den regionalen Aspekt nicht gleich wieder zu verwässern, macht es Sinn, den Wahlvorschlagsberechtigten aufzugeben, tatsächlich *unterschiedliche* Listen in den Wahlbezirken einzureichen. Damit wäre eine Bundesliste wie im Falle des EuWG nicht zulässig. Nun mag man einwenden, dass Bundeslisten gerade für kleinere Parteien die Chance bieten, sich mit zugkräftigen Spitzenkandidaten zu positionieren. Eine ausschließliche Ausrichtung auf national bekannte Spitzenpolitiker fördert aber nicht die Personalisierung im Sinne einer direkteren Wähler-Abgeordneten-Beziehung, sondern eine mediale Zuspitzung auf einzelne Köpfe unter Vernachlässigung inhaltlicher Schwerpunkte.

Außerdem kann man der Furcht vor einer zu starken Belastung der inneren Kohärenz und des Profils der Parteien begegnen, indem man das Instrument der Wahlbezirksbildung nicht exzessiv, sondern mit Bedacht einsetzt: Zum einen sollte eine Unterteilung in Wahlbezirke verpflichtend nur von den großen Mitgliedstaaten gefordert werden, damit keine artifiziellen Gebilde ohne historische Verwurzelung entstehen[149]. Auch in den großen Staaten sollten nicht zu viele und vor allem nicht zu kleine Wahlbezirke eingerichtet werden. Andernfalls gingen viele Wahlbezirkslisten leer aus oder es erhielten gar ganze Wahlbezirke kein Mandat. Dies ist zwar verfassungsrechtlich zumindest in Deutschland unbedenklich (Hahlen 1978: 234), aber politisch nicht wünschenswert, weil so das Ziel der verstärkten

[149] Der Anastassopoulos-Bericht (1998) plädiert für eine obligatorische Unterteilung in Wahlbezirke bei einer Bevölkerung von mehr als 20 Millionen (Art. 2).

Teilhabe des Bürgers konterkariert würde[150]. Zum anderen würde eine begrenzte Zulassung von Doppelkandidaturen, wie sie nach dem EuWG (vgl. Art. 9,3 und Art. 2,4) bereits erlaubt ist, den Parteien zugestehen, besonders wichtigen Politikern eine größere Chance zum persönlichen Wahlerfolg zu geben. Bei einer Doppelkandidatur tritt der Kandidat in zwei Wahlbezirken an. Wird er in beiden gewählt, so erhält er das Mandat nach dem EuWG dort, wo er den höheren Listenplatz einnimmt. Im Zusammenhang mit Präferenzstimmgebung sollte bei Doppelkandidaturen dem Kandidaten ein Mandat in dem Wahlbezirk zugewiesen werden, in dem er die meisten Vorzugsstimmen erhält (siehe Kap. 4.6) [151].

Die dem Regionalisierungstrend entgegengesetzte, aber systematisch nicht widersprechende Entwicklung ist die Europäisierung. Um dem Charakter des EP als supranationalem Organ gerecht zu werden, sollte möglichst bald ein Bruchteil der Mandate in einem gesamteuropäischen Einheitswahlkreis vergeben werden. Der Vorschlag des Anastassopoulos-Berichts (1998, Art. 7), ab 2009 10 Prozent der Abgeordneten auf diese Weise zu wählen, ist ein vernünftiger Ansatz[152]. Er vermeidet eine übertriebene Europäisierung, die in der geschichtlichen Wirklichkeit (noch) keine Entsprechung findet[153], aber er würde „zur Entwicklung eines wirklichen europäischen politischen Bewusstseins und zur Bildung echter europäischer Parteien beitragen“ (Anastassopoulos-Bericht 1998: 22)[154].

---

[150] So ist auch in Deutschland über eine Integration der kleinen Wahlbezirke (Saarland, Bremen, Hamburg) in größere Einheiten nachzudenken (Grabitz / Läufer 1980: 257).

[151] Bei STV könnte man als Vergleichsmaßstab z.B. die höhere Zahl der Erstpräferenzen heranziehen.

[152] Der Rat hat diesen Artikel in seinem Beschluss 8964/02 vom 21.05.2002 allerdings ersatzlos gestrichen.

[153] Ovey (1999: 37) warnt zu Recht: „Ein rein europäischer Wahlkampf bei einem anhaltenden Kongruenzproblem brächte möglicherweise eine noch niedrigere Wahlbeteiligung mit sich“. Deshalb sollte man in der gegenwärtigen Phase auf ein zu forsches Vorgehen verzichten. Ein übertrieben integrationistisches Verfahren haben z.B. Studierende des Europa-Instituts Basel im Sommersemester 1995 vorgeschlagen (vgl. Emmert 1996: 207f). Es sieht zwei Wahlgänge vor, wobei jeder Wähler im zweiten Wahlgang für eine Partei aus einem beliebigen Mitgliedsland votieren kann – vorausgesetzt, diese Partei hat im ersten, rein nationalen Wahlgang ein bestimmtes Quorum erreicht: Ein Brite könnte also für die schwedischen Sozialdemokraten oder ein Grieche für die spanischen Konservativen stimmen. Diese Vorstellung überschätzt aber den Stand des europäischen Integrationsprozesses.

[154] Nach dem juristischen Gutachten zu urteilen, das in Bezug auf die partielle Wahl nach transnationalen Listen erstellt wurde, wäre eine solche Regelung mit den Verträgen

Wahlsystematisch ist für diese Teilwahl eine einfache Regelung die geeignetste: Starre Listenwahl, mit einer vom sonstigen Votum unabhängigen Stimme für jeden Wähler, ohne Sperrklausel und mit Verrechnung anhand der erzielten Gesamtstimmen[155].

Nationale Gewichtungen der Stimmen für die transnationalen Listen würden das Verfahren unnötig komplizieren und es willkürlichen Vereinbarungen unterwerfen[156]. Heikle Gesichtspunkte wie der Interessenausgleich bei der Listenaufstellung sollten einzig den transnationalen Parteigremien überlassen werden, die so einem natürlichen positiven Zwang zu stärkerem Kompromissdenken ausgesetzt wären. Sollten die in einer Fraktion zusammengeschlossenen nationalen Parteien nämlich zu heftig über Personalfragen streiten, ist anzunehmen, dass ihnen der Wähler dafür einen Denkzettel verpasst.

Kritiker der transnationalen Listen fürchten eine Privilegierung der großen Parteibünde und eine Minderung der nationalen Quoten gerade bei den kleinen Staaten (vgl. Schoo 2001: 199). Diese Argumente sind nicht grundsätzlich zurückzuweisen, bei einer Relation von 90 zu 10 zwischen national und transnational zu vergebenden Mandaten werden sie aber überstrapaziert. Im Übrigen könnte die vorsichtige Einführung transnationaler Elemente in das Europawahlrecht dazu beitragen, dass die erhoffte Herausbildung genuin europäischer Politik- und Bewusstseins-Strukturen der nationalstaatlich verhafteten Kritik schrittweise deren Grundlage entzieht.

---

(„Vertreter der Völker") vereinbar (Gutachten SJ – 28/98 vom 20.02.1998; Anastassopoulos-Bericht 1998: 22).

155 Ein Verzerrungsfaktor für das Gewicht der Einzelstimmen entsteht durch die Wahlpflicht in Luxemburg, Belgien, Griechenland und Zypern. Aber selbst wenn die Wahlpflicht abgeschafft würde, läge die Wahlbeteiligung in diesen Ländern aufgrund des Gewöhnungseffekts vermutlich weiter über dem EU-Durchschnitt – aus partizipatorischer Sicht positiv, aus Gleichmäßigkeitserwägungen weniger. Dennoch: Die Verzerrungen, die allein aus der Wahlpflicht resultieren, halten sich in Grenzen, da die Wahlbeteiligung EU-weit ohnehin sehr stark streut (vgl. die Tabelle im Anhang). Dies ist ein sichtbares Zeichen und institutionell nicht lösbares Problem der weiter bestehenden Heterogenität in den Mitgliedstaaten.

156 Eine solch verwirrende Gewichtung wird aber von Wolf (2000) vorgeschlagen – entweder für genuin europäische Wahlen mit einem transnationalen Wahlkreis oder für ein Verfahren, bei dem die fixierten Mandatskontingente bestehen bleiben und die Wahl im nationalen Rahmen stattfindet, die Mandatsvergabe an die nationalen Parteien aber vom EU-weiten Resultat der europäischen Parteienbünde abhängt.

### 4.5. Künstliche Sperrklauseln

Nationale Prozenthürden, die zu überwinden für die Teilnahme an der Sitzverteilung notwendig ist, bestehen zurzeit in den Europawahlgesetzen Deutschlands, Tschechiens, Ungarn, Polens, Litauens[157], Lettlands und der Slowakei (fünf Prozent), Frankreichs (fünf Prozent in jedem regionalen Wahlkreis), Schwedens und Österreichs (jeweils vier Prozent) sowie Griechenlands (drei Prozent). Grundsätzlich sind Sperrklauseln ein eindeutiger Eingriff in die Wahlrechtsgleichheit. Es stellt sich mithin sowohl juristisch als auch politisch die Frage, ob ein zwingender Grund vorliegt, der diese Beeinträchtigung rechtfertigt[158].

Übereinstimmend mit der Rechtsprechung des BVerfG liegt ein solcher Grund vor, wenn die Funktionsfähigkeit des Parlaments ansonsten erheblich in Mitleidenschaft gezogen würde (Murswiek 1980: 123). Ob man nun den prinzipiellen Gleichheitsanspruch aus dem europäischen Gemeinschaftsrecht herleitet (Bleckmann 1979)[159] oder die Verfassungsmäßigkeit der Sperrklausel wegen der Rechtsnatur des EuWG als nationales Recht allein auf der Basis des Grundgesetzes reflektiert (Hahlen 1979, Murswiek 1980, Dörr / Thönes 1981), ein Rechtfertigungsbedarf besteht in jedem Fall.

Das BVerfG hat in seinem Urteil aus dem Jahr 1979[160], mit dem es die Klausel für zulässig erklärte, zunächst darauf hingewiesen, dass im EP ohne eine Sperrklausel

---

[157] In Litauen kommt die Sperrklausel allerdings nur dann zum Einsatz, wenn mehr als 60 % der Wähler, die ihre Stimme abgegeben haben, für die an der Sitzverteilung zu beteiligenden Parteien votiert haben. Ist dies nicht der Fall, wird die Zahl der an der Mandatsvergabe zu beteiligenden Parteien so lange in der Reihenfolge der stärksten Parteien, die unterhalb der Fünf-Prozent-Hürde liegen, erhöht, bis mindestens 60 % der Wähler, die von ihrem Wahlrecht Gebrauch gemacht haben, über die von ihnen gewählten Listen an der Sitzverteilung partizipieren. Diese Regelung dürfte in der Praxis aber nur sehr selten zur Anwendung kommen, weil Litauen durch die Tatsache, dass es ohnehin nur 13 Mandate zu vergeben hat, bereits über eine hohe faktische Sperrklausel verfügt.

[158] Im Folgenden wird vor allem auf den deutschen Fall und die zugehörige Rechtsprechung abgestellt. Er lässt sich aber auf die anderen Länder übertragen.

[159] Wenn man diesen Ansatz konsequent weiterdenkt, könnten Sperrklauseln schon deshalb unzulässig sein, weil eine Splitterpartei in einem großen Land rein zahlenmäßig eine große Partei in einem anderen Land darstellen könnte (Grabitz 1977). Im Zeitalter eines sehr stark auf die nationale Ebene konzentrierten Wahlsystems und Wahlkampfs wirkte ein solches Argument deplatziert (so stellvertretend für viele Partsch 1978: 306), bei einem stärker europäisierten Wahlsystem könnte es aber eine neue Relevanz gewinnen.

[160] BVerfG, Beschluss des Zweiten Senats vom 22.5.1979 – BvR 193 und 197/79 – (in: DVBl. 1979, 550).

keine „überzeugende Mehrheitsbildung“ möglich sei. Im Umkehrschluss bedeutet dies, dass eine nationale Sperrklausel solche Mehrheiten begünstige. Das ist aber mehr als fraglich: Die Zahl von insgesamt 153 Parteien im aktuellen EP spricht nicht gerade dafür, dass eine übermäßige Parteienkonzentration erreicht worden wäre. Obwohl mehrheitsfördernde Elemente auch in anderen Europawahlgesetzen bekannt sind (z. B. regionale Wahlkreise, faktische Sperrklauseln), ist eine stark parteienreduzierende Wirkung von ihnen bisher nicht ausgegangen. Das deutet darauf hin, dass die Sperrklausel kaum geeignet ist, den angestrebten Zweck zu erfüllen. Selbst wenn man ihr einen gewissen Konzentrationseffekt zubilligen möchte, wäre er unerheblich im Vergleich zu dem beträchtlichen Eingriff in die Wahlrechtsgleichheit. Die Sperrklausel halte ich also mit Dörr / Thönes (1981: 2) für unverhältnismäßig.

Darüber hinaus ist sie aber auch gar nicht erforderlich. Wie die Überlegungen zum politischen System der EU und zur Arbeitsweise des EP gezeigt haben, hängt eine „überzeugende Mehrheitsbildung“ im EP in erster Linie vom Funktionieren der transnationalen Integrations- und Meinungsbildungsprozesse in und zwischen den Fraktionen ab, bei denen es „auf eine Partei mehr oder weniger nicht ankommt“ (Becht 1991: 173). Bisher hat das EP häufig deutliche, an Sachfragen orientierte Mehrheiten zusammengebracht. Da ihm eine antithetische Struktur mit Regierung und Opposition fremd ist und wohl auch dann bleiben wird, wenn die Rolle der Kommission und ihre Verantwortlichkeit gegenüber dem Parlament ausgebaut wird, ist eine künstliche Förderung von Mehrheiten nicht erforderlich.

Erst recht ist es als abwegig einzuschätzen, die Sperrklausel im Rückgriff auf die Forderung nach einer engen Verzahnung zwischen den MEP und den tragenden politischen Kräften ihrer Heimatländer zu rechtfertigen. Das würde im Kern bedeuten, dass im EP nur Parteien vertreten sein dürfen, die auch in den nationalen Parlamenten sitzen – eine Verdrehung des Gedankens demokratischer Repräsentation (Dörr / Thönes 1981: 111, Becht 1991: 176).

Ein weiteres Argument des BVerfG läuft darauf hinaus, dass eine Splittergruppe im Parlament nicht arbeitsfähig sei. Abgesehen davon, dass sich das Gericht in seinem Beispiel verrechnet hat – wie Murswiek (1980: 124) genüsslich feststellt[161] – ignoriert es die innere Aufstellung des EP. Die Arbeitsteilung findet innerhalb der

[161] Die mandatsmäßige Mindeststärke, welche die EP-Gruppe einer deutschen Partei bei knappem Überspringen der Fünf-Prozent-Hürde hätte, ist nicht zutreffend ermittelt worden.

transnationalen Fraktionen statt. Es ist nicht einsichtig, wieso es wenigen Abgeordneten einer kleinen deutschen Partei nicht gelingen sollte, sich Gewinn bringend an der Arbeit einer transnationalen Fraktion zu beteiligen. Um den Ausschluss der Fraktionssplitter größerer politischer Gruppierungen dennoch zu rechtfertigen, verfällt das BVerfG in eine in der Tat „rechtstheoretisch aufregende Argumentation“ (Murswiek 1980: 125). Diese stützt sich darauf, dass es sich bei den transnationalen Gruppierungen noch um relativ lockere Zusammenschlüsse handele, die nicht mit denselben Maßstäben wie nationale Parteien zu messen seien. Das EuWG (Art. 8,1) erklärt auf der nationalen Ebene aber nicht nur die Parteien, sondern auch sonstige, weniger gefestigte politische Vereinigungen zu Wahlvorschlagsberechtigten. Durch „lockere Zusammenschlüsse“ wird die Arbeitsfähigkeit des EP demgemäß also nicht grundsätzlich behindert. Überspringt ein „lockerer Zusammenschluss“ als ein nationaler Wahlvorschlag die Fünf-Prozent-Hürde, wird seine Repräsentanz mit wenigen Abgeordneten als akzeptabel eingestuft; einer ähnlichen losen Kooperation, die sich auf Kandidaten von Listen aus mehreren Ländern stützt, würde dagegen die parlamentarische Repräsentation verweigert[162].

Sollte die Wahl ohne Sperrklausel zur Wahl von Abgeordneten führen, die nicht den europäischen Parteienfamilien angehören, ist anzunehmen, dass sie sich allein aus Zweckmäßigkeitserwägungen einer Fraktion anschließen würden, weil sie sonst nur schwer an den Arbeitsprozessen des EP mitwirken könnten. Selbst wenn einige dies nicht täten, würde sich keine politisch schädliche Zersplitterung ergeben, weil eine relevante Zahl solcher „Outsider“ nicht zu erwarten ist.

Die in Kap. 4.3 vorgeschlagene modifizierte Mandatskontingentierung ändert an der obigen Einschätzung nichts. Lediglich in Deutschland wäre die Zahl der Abgeordneten höher und damit die faktische Sperrklausel im Falle der reinen Verhältniswahl niedriger. Die zu erwartende Wahl von einigen wenigen Vertretern von Klein- und Kleinstparteien auch vom linken und rechten Rand des politischen Spektrums ist hinzunehmen, zumal das deutsche Parteiensystem im Vergleich zu anderen Ländern ohnehin eher zentripetale Tendenzen aufweist. Schließlich spricht auch die Statistik in der Frage von künstlichen Sperrklauseln eine deutliche

[162] Vgl. auch Grabitz / Meyer (1979: 122), die den Bundesgesetzgeber kritisieren: Er glaube nach eigenem Bekunden an eine europäische politische Infrastruktur, ignoriere aber im gleichen Atemzug die Existenz europäischer Parteien.

Sprache. Wie in Kap 4.2 erwähnt, lag der EU-weite Anteil der „wasted votes“ an der Gesamtstimmenzahl sowohl 2004 als auch 1999 über fünf Prozent: Werte, die durch die künstlichen Sperrklauseln mitverursacht wurden.

Insgesamt ist festzuhalten: Um die für das EP konstitutive proportionale und plurale Repräsentation nicht noch mehr zu behindern, als z.B. durch die begrenzte Größe der nationalen Wahlkreise ohnehin notwendig ist, sind künstliche Sperrklauseln im Europawahlrecht abzuschaffen.

## 4.6. Wahlbewerbung und Stimmgebung

Was die Partizipationsmöglichkeit der Wähler bei der Stimmabgabe angeht, haben sich die Mitgliedstaaten ebenfalls für unterschiedliche Modelle entschieden. Über das offenste (Listen-)System verfügt Luxemburg. Dort kann jeder Wähler bis zu sechs Vorzugsstimmen abgeben, welche er auf die Kandidaten mehrerer Listen verteilen (Panaschieren) oder auch nur für die Änderung der Reihenfolge einer Liste nutzen kann[163]. Des Weiteren hat er die Möglichkeit, eine Liste als Ganzes anzukreuzen und damit deren Personalvorschlag zu akzeptieren[164]. Vorzugsstimmen in Verbindung mit (lose gebundenen) Listen sind in weiteren vierzehn Ländern (s. Übersicht in Kap. 4.1) möglich. Dabei verfügt der Wähler zumeist über eine Stimme, die er entweder einer Liste als Ganzes oder einem speziellen Kandidaten auf der Liste geben kann. In einigen Ländern gibt es zusätzliche Abweichungen von dieser Regelung: In Italien etwa hängt die Zahl der Vorzugsstimmen, die man vergeben kann, von der jeweiligen Wahlregion ab; in Schweden kann der Wähler die Kandidaten der von ihm favorisierten Liste durch Rangzahlen in eine neue Reihenfolge bringen und auch Namen auf der Liste hinzufügen oder streichen (EP 1997). Streichungen sind ebenfalls in Lettland möglich. In Litauen kann der Wähler bis zu fünf von ihm bevorzugte Kandidaten einer Liste (ohne Rangfolge) benennen.

Welchen Einfluss die Vorzugsstimmen auf die Verteilung der Mandate nehmen, ist dabei verschieden geregelt. Wie in Kap. 2.5 ausgeführt, ist es für den innerparteilichen Wettstreit von Bedeutung, ob eine Listenstimme als Bestätigung

---

[163] Die Kumulation mehrerer Stimmen auf einen Kandidaten ist dagegen nicht möglich.

[164] Wenn sich auf einer solchen, als Ganzes angekreuzten Liste weniger als sechs Kandidaten bewerben, dann werden ihr so viele Stimmen zugerechnet, wie sie Kandidaten umfasst.

des von den Parteien bevorzugten „Menüvorschlags“ gewertet wird (wie in Belgien und den Niederlanden) oder ob die Listenstimme in Bezug auf die Reihenfolge der Kandidaten der gewählten Partei gleichsam als Enthaltung gilt, wodurch den Wählern, die von der Möglichkeit der Präferenzstimmgebung Gebrauch machen, die gesamte innerparteiliche Auswahlmacht zufällt (wie in Finnland, Italien, Luxemburg, Lettland, Litauen, Polen)[165]. In Dänemark kann jede Partei selbst entscheiden, ob die innerparteiliche Zuweisung der Sitze nach dem ersten oder zweiten Modell erfolgen soll. Weitere Zwischenlösungen setzen auf bestimmte Mindestanforderungen hinsichtlich der Zahl der Vorzugsstimmen: Österreich und Schweden garantieren mit einer gesetzlichen Sonderregelung in Form einer Sperrklausel, dass die Vorschläge der Parteien nicht durch eine kleine Anzahl von Vorzugsstimmen ausgehebelt werden können. So muss ein Kandidat sieben (AUT) bzw. fünf (SWE) Prozent der gesamten für die jeweilige Partei abgegebenen Stimmen erhalten haben, damit seine Vorzugsstimmen zum Zuge kommen (vgl. EP 2001: 10, 14). Das slowenische Wahlrecht sieht vor, dass die Vorzugsstimmen eines Kandidaten nur dann berücksichtigt werden, wenn deren Anzahl höher ist als der Quotient aus der Gesamtstimmenzahl für seine Liste und der doppelten Anzahl der Kandidaten, die sich auf dieser Liste befinden.

In Irland und Nordirland tritt die Frage der Gewichtung von Listenstimmen und Vorzugsstimmen von vornherein nicht auf: Dort wird nach STV gewählt – Listen werden nicht aufgestellt und spielen dementsprechend keine Rolle. Dagegen sind die Vorgaben der Parteien und politischen Gruppierungen in den Ländern mit starren Listen die einzige Determinante der innerparteilichen Kandidatenkür[166]. Mit ihrer Einzelstimme können die Wähler die starre Reihenfolge der (regionalen oder nationalen) Listen nicht ändern.

Die Vielfalt der bestehenden Regelungen im Bereich der Stimmgebung macht die Hoffnung zunichte, über die Popularität eines bestimmten Modells die bequeme Forderung nach dessen Verallgemeinerung herleiten zu können. So ist eine sorgfältige inhaltliche Abwägung erforderlich. Offenbar bevorzugen (abgesehen von Italien und Polen) vor allem die großen Länder die starre Liste. Die Argumente dafür liegen auf der Hand: Persönlichkeitselemente sind angesichts der

---

[165] Vgl. zu diesem Thema ausführlich Gay (1998a: 36ff).

[166] In Estland kommt die Möglichkeit hinzu, neben den starren Listen auch unabhängig antretende Einzelkandidaten zu wählen.

unvorteilhaften zahlenmäßigen Relation von Bürgern zu Abgeordneten schwer einzubringen. Sie werden zudem durch den wenig personalisierten Stil des EP gebremst. Außerdem ist die supranationale Ebene für die meisten Wähler weit weg. Sie kennen in der Regel derzeit noch nicht einmal die Spitzenpolitiker der Parteien im EP. So könnte die einfache Handhabung der kategorischen Stimmgebung wenig interessierte und informierte Bürger dennoch dazu motivieren, ihr Votum abzugeben, um damit – wenn auch unter restriktiven Bedingungen – die Zusammensetzung der sie repräsentierenden Körperschaft mitzubestimmen. Bei einem komplizierten Wahlsystem mit umfänglichen Partizipationselementen könnten solche Wähler dagegen geneigt sein, sich komplett der Stimme zu enthalten. Anders gewendet: „The ‚less' democratic institution may well produce the more ‚democratic' result" (Katz 1980: 123).

Gegen ein simples Konzept kategorischer Stimmgebung spricht neben der Überbetonung der bürokratischen Macht der Parteien seine inhärent pessimistische Sichtweise der Partizipationswilligkeit und -fähigkeit des durchschnittlichen Wählers. Die Beschränkung auf starre Listen ist bei einem solchen Bild des Bürgers zwar konsequent, aber sie verhindert zugleich dessen Emanzipation über den Zugang zu vergleichsweise einfachen Differenzierungsmöglichkeiten. Die oktroyierte wahlrechtliche Passivität starrer Listen ist gerade im Rahmen des EP, das sich wie der gesamte europäische Integrationsprozess nicht gerade enormer Begeisterung und überbordenden Interesses erfreut, genau der falsche Ansatzpunkt[167]. Über eine moderate Öffnung des Wahlsystems und eine gleichzeitige Informationsoffensive könnte die Identifikation der Bürger mit ihren Abgeordneten und dem EP erhöht werden. Außerdem wären die Parteien nicht gezwungen, ihre internen Gegensätze „zuzukleistern" (Schönberger 1994: 98), sondern könnten es dem Wähler überlassen, die Akzente im innerparteilichen Spektrum zu setzen.

---

[167] Immer wieder ist in der Literatur kritisiert worden, dass die Wahl nach starren Listen in großen Wahlkreisen ganz allgemein einen Verstoß gegen das Grundrecht der unmittelbaren Wahl darstelle (vgl. u.a. Partsch 1978, Arnim 2002). Die Kritiker dieser Sichtweise betonen hingegen wiederum, dass Unmittelbarkeit lediglich verlange, dass das Wählervotum nicht durch Zwischeninstanzen modifiziert werden kann. Diese Zwischeninstanzen treten bei der Wahl nach starren Listen, bei dem der Wähler sein Einverständnis mit dem Listenvorschlag erklärt, nicht auf. Unabhängig davon, zu welchem Standpunkt man neigt, wird hier mit Arnim (2002) die Meinung vertreten, dass eine Öffnung des starren Listensystems zumindest verfassungs*politisch* (wenn schon nicht verfassungs*rechtlich*) geboten ist.

In diesem Sinne soll hier ein Vorschlag unterbreitet werden, der dem Grundsatz der Bürgernähe in ähnlicher Weise Rechnung trägt wie die Einführung von regionalen Wahlbezirken[168] (Kap. 4.4), der die Europawahlen personalisiert und ihnen ein Stück der oft beklagten Anonymität nimmt[169]. Bürgernähe ist dabei nicht mit einer Überforderung des Wählers zu verwechseln oder mit einer Projektion partizipatorischer Ideale auf das Wahlrecht, die sich nicht mit den sozio-politischen Realitäten decken. Insofern scheint eine flächendeckende Wahl nach STV (ganz abgesehen von der zu erwartenden Disproportionalität wegen der notwendigen kleinen Wahlkreise) genauso ungeeignet wie das luxemburgische Modell, das in einem Land wie Deutschland mit über 80 Millionen Einwohnern kaum funktionieren kann. Da die politischen Parteien das zentrale strukturierende Element in modernen parlamentarischen Systemen sind und da dieser Befund für den Spezialfall des EP nicht grundsätzlich anders ausfällt, sollten sich die Parteien in Form von Listen zur Wahl stellen, zwischen denen sich der Wähler entscheiden muss (also kein Panaschieren). Es ist wichtig, dass der Wähler über sein Votum nicht nur den inhaltlichen, sondern auch den personellen Vorschlag der Partei mit einem einzigen Kreuz auf dem Wahlzettel absegnen kann. Mit anderen Worten: Eine simple Stimme für eine Partei wie im Fall starrer Listen muss möglich sein (vgl. schon Birke 1961: 111). Damit haben diejenigen, „who only watch and vote“ (Katz 1997: 215), die Gelegenheit, auf denkbar einfache Weise ihrer Präferenz Ausdruck zu verleihen.

Den anderen aber, welche die Zusammensetzung der Delegation ihrer favorisierten Liste mitbestimmen möchten, sollte diese Möglichkeit offen stehen. Dabei haben die gegenwärtigen Regelungen einen Nachteil: Sie erlauben keine differenzierte Artikulation der Präferenzen. Gibt es nur eine Vorzugsstimme, besteht die Gefahr, dass ein beliebter Kandidat eines bestimmten Flügels der Partei kaum Stimmen bekommt, weil er einen noch angeseheneren Bewerber gleicher Ausrichtung vor sich hat, während ein Vertreter einer anderen innerparteilichen Strömung trotz niedrigerer „Sympathiewerte“ mehr Vorzugsstimmen erhält und ins Parlament

[168] Zur Kombination der beiden Elemente und zu Problemen bei der Verrechnung siehe Kap. 4.7.

[169] Vgl. eines der zentralen Ergebnisse der empirischen Studie von Bowler / Farrell (1993: 64) zur Wähler-Abgeordneten-Beziehung im EP: “In particular, individual voters are better – or at least more frequently – served by representatives elected under district-based systems and where voters can choose candidates.”

einzieht. Bei mehreren gleichberechtigten Vorzugsstimmen ist das Problem ähnlich gelagert. Dabei kommt hinzu, dass jedes Kreuz die gleiche Präferenzintensität ausdrückt, obwohl diese vielfach kaum vorliegen dürfte (Lakeman 1990: 89).

Diese Nachteile werden durch STV vermieden. Auf den innerparteilichen Wettstreit angewendet, erlaubt es eine exaktere Umsetzung der Kandidatenpräferenz der Anhängerschaft als die anderen Modelle. Der Wähler könnte also die Kandidaten einer Liste durch das Notieren von Zahlen vor den jeweiligen Namen neu ordnen. Die Verrechnung würde nach dem bekannten STV-Modell erfolgen[170]. Die Vorteile von STV kämen bei einer solchen ausschließlich innerparteilichen Anwendung voll zum Tragen, die Nachteile der listenlosen irischen Variante dagegen nur abgeschwächt[171]. Der Vorwurf einer zu großen Komplexität würde dieses System ebenfalls nicht treffen können, weil kein Wähler nach STV wählen muss, sondern der einfachen Listenstimmgebung treu bleiben kann[172]. Diese Listenstimmen dürfen für die intrafraktionelle Zusammensetzung nicht unter den Tisch fallen, weil in der Phase der Gewöhnung an STV eine Verrechnung nach dem finnischen Modell eine unangemessene Bevorzugung der interessierten Eliten nach sich ziehen würde. Deshalb macht es Sinn, die reinen Listenstimmen so zu werten, als wären die Rangzahlen 1,2,3 usw. den Kandidaten in der vorgegebenen Reihenfolge zugeordnet worden. Der Nachteil dieser am belgischen Typ orientierten Variante dürfte sein, dass die aufwändig per STV vergebenen Vorzugsstimmen nur einen geringen Einfluss auf die Kandidatenauswahl haben, weil viele Wähler diese Möglichkeit nicht nutzen. Allerdings kann eine hohe Zahl von Listenstimmen auch bedeuten, dass die Parteien die Auswahlmacht des Wählers ernst nehmen und ex ante eine an dessen Prioritäten orientierte Reihenfolge zusammenstellen. Außerdem dürfte die Begrenzung nach belgischem Vorbild eher in Kauf zu nehmen sein als

---

[170]Vgl. Brew (1981). Eine ähnliche Regelung zur Artikulation ordinaler Präferenzen hatte schon Birke (1961) im Sinn. Er plädierte aber anstatt für STV für eine bisher kaum erprobte Verrechnung über ein Punktesystem.

[171] So wären die Kandidaten einer Partei stärker als beim reinen STV gezwungen, sich um eine gewisse Einheit zu bemühen, weil sie schließlich auch die Wähler, die nur per Listenstimme wählen, überzeugen müssen.

[172] Um eine zu große Komplexität auf dem Wahlzettel zu verhindern, ist die Zahl der Kandidaten pro Liste zu beschränken. In Kombination mit der anvisierten Einteilung des Wahlgebiets in regionale Wahlbezirke sollte dies realisierbar sein. Gleichzeitig könnte man dem Wähler durch eine Klausel, wonach er z.B. maximal fünf Kandidaten mit absteigenden Rangzahlen versehen darf, von dem Gefühl befreien, er müsse alle Kandidaten (auch die ihm unbekannten) neu ordnen, um sein Wahlrecht komplett auszuschöpfen (Brew 1981: 292).

das Vabanque-Spiel einer Nicht-Berücksichtigung der Listenstimmen. Diese würde neben der fragwürdigen Einschränkung des Stimmgewichts der Listenwähler auch einen (zu) großen Unsicherheitsfaktor für die Fraktionsplanung der Parteien bedeuten, die gerade in einem Arbeitsparlament auf in der Regel wenig wahlkampftaugliche Experten angewiesen sind[173]. Im Übrigen verspricht eine schonende Methode, die das Gewicht der Listenstimmen in vollem Umfang bewahrt, auf lange Sicht eine größere Verankerung des Systems in der Bevölkerung, weil es alte Gewohnheiten in den Ländern mit starren Listen nicht gleich durch eine Abwertung des Stimmengewichts mit Blick auf die Fraktionszusammensetzung bestraft.

Sollten die Bürger mittel- und langfristig von dem Angebot zur Präferenzstimmgebung trotz allem keinen Gebrauch machen, ist dies zwar zu bedauern, spricht aber nicht gegen die wahlsystematische Innovation. Sie hat den entscheidenden Vorteil, dass sie bei einer positiven Perzeption eine spürbare Steigerung der Mitbestimmung des Wählers bewirkt, bei einer weit gehenden Ignoranz aber keinen Schaden anrichtet, weil durch die weiterhin mögliche Listenstimmgebung ceteris paribus ein Rückgang der Wahlbeteiligung und eine Destabilisierung des politischen Systems nicht droht.

## 4.7. Stimmenverrechnung

Das für die Europawahlen am häufigsten angewandte Verfahren ist das d'Hondtsche Höchstzahlverfahren, das in vierzehn Ländern zur Stimmenverrechnung dient. In Lettland kommt das Sainte-Laguë-Verfahren zur Anwendung, Schweden benutzt dessen modifizierte Variante. Deutschland setzt das Hare-Niemeyer-Verfahren (bis 1989 d'Hondt) ein, Italien und Zypern benutzen die Haresche Wahlzahl mit größtem Überrest. Irland, Nordirland und Malta verrechnen nach STV-Droop, die Slowakei, Litauen und Luxemburg nach dem Wahlzahlverfahren Droop / Hagenbach-Bischoff. Griechenland wendet eine wenig gebräuchliche gewichtete Methode namens „Eniskhimeni Analogiki" an. In Polen wird für jede Liste(nverbindung) national die Zahl der Mandate mit der Methode

[173] Es ist aber nichts dagegen einzuwenden, einer Partei zu gestatten, sich auf eigenen Wunsch hin (wie heute schon in Dänemark möglich) nur von den Präferenzvoten der eigenen Anhänger abhängig zu machen (vgl. Brew 1981: 290).

d'Hondt ermittelt, die Unterverteilung auf die regionalen Teillisten erfolgt dann mit mittels der Hareschen Wahlzahl plus größtem Überrest.

Am kompliziertesten ist die Verrechnung abgesehen von den STV-Gebieten ohne Zweifel in Italien, weil es das einzige Land ist, das folgende vier Faktoren vereint: nationale Stimmenverrechnung, regionale Wahlkreise bzw. -bezirke, Präferenzstimmgebung und das Haresche System, bei dem bekanntlich nicht alle Sitze in einem Schritt vergeben werden. So sieht das italienische Wahlgesetz vor, dass Stimmen, die in einem Wahlkreis nicht zur Erlangung eines Mandats ausreichen, auf den Wahlkreis übertragen werden können, indem die jeweilige Liste die relative Mehrheit hat. Ein Großteil der in Italien anzutreffenden Elemente findet sich in modifizierter Form auch in den Vorschlägen wieder, die bisher in dieser Arbeit für ein einheitliches Europawahlrecht unterbreitet wurden. Das lässt eine nicht ganz einfache Form der Stimmenverrechnung erwarten.

Grundsätzlich würden sich für ein einheitliches und gleiches Wahlrecht für das Europäische Parlament alle gängigen Verrechnungsmethoden eignen. Selbst das relativ stark verzerrende d'Hondtsche Höchstzahlverfahren wäre kein wahlsystematischer Offenbarungseid, weil die verzerrenden Auswirkungen trotz der bisweilen recht kleinen nationalen Wahlkreise begrenzt blieben. Da aber die proportionale Vertretung aller Interessen als wichtigstes Kriterium für die Bestellung des EP herausgestellt wurde, liegt als Ziel auf der Hand, die Stimmenverhältnisse so genau wie möglich abzubilden. Als Verfahren, die weder kleine noch große Parteien bevorzugen, stehen die Haresche Wahlzahl mit größtem Überrest und die Methode Sainte-Laguë zur Verfügung. Auf Erstere sollte man aber wegen der Vielzahl von Anomalien (siehe Kap. 2.6) möglichst verzichten, so dass schließlich Sainte-Laguë übrig bleibt. Der Verstoß dieses Verfahrens gegen die Quotenbedingungen fällt nicht weiter ins Gewicht, da es alle anderen gängigen Konditionen erfüllt und außerdem die Zuteilung der Mandate in einem Schritt gestattet. Auch die Tatsache, dass Sainte-Laguë zurzeit nur in einem Mitgliedsland der EU (Lettland) benutzt wird, spricht nicht gegen dessen zukünftige Verwendung. Auf Verrechnungsmethoden trifft das Kriterium der traditionellen Verankerung nämlich nicht zu. Der durchschnittliche Wähler interessiert sich ohnehin kaum für die Details des Verrechnungsverfahrens, und er muss dies auch nicht. Er muss lediglich das Gefühl und die Sicherheit haben können, dass bei der Verrechnung seiner Stimme alles mit rechten Dingen zugeht. Diese Eigenschaft erfüllt Sainte-Laguë in hervorragender Weise.

Bei der Stimmenverrechnung käme Sainte-Laguë also in zwei Schritten zum Einsatz[174]: Zunächst würde das gesamte Mandatskontingent des nationalen Wahlkreises an die Parteien vergeben – unter Zugrundelegung der jeweiligen Gesamtstimmenzahl aller verbundenen regionalen Listen. Sodann würden die einer Partei zustehenden Mandate wiederum nach Sainte-Laguë auf die regionalen Listen gemäß deren Stimmenzahl verteilt[175]. Im dritten Schritt müsste dann die Verrechnungsmethode gewechselt werden, weil für die innerparteiliche Ermittlung der Mandatsträger nach STV ein Wahlzahlverfahren notwendig ist. Es spricht nichts dagegen, das in Irland lange erprobte Verfahren STV-Droop zu übernehmen.

So verheißungsvoll die gleichzeitige Berücksichtigung landesweiter Proportionalität, regionaler Autonomie der Kandidatenaufstellung und wahlbürgerlicher Mitbestimmung per STV klingt, einen kleinen Schönheitsfehler gibt es doch: Das System schließt nicht aus, dass ein Kandidat A im Wahlbezirk X kein Mandat erhält, obwohl er mehr Vorzugsstimmen (z.B. Erstpräferenzen) auf sich vereinigt als ein schließlich gewählter Kandidat B der gleichen Partei im Wahlbezirk Y. Dieses Paradoxon hängt damit zusammen, dass der Vergabe der Mandate an die Kandidaten die Zuteilung an die Wahlbezirke vorgeschaltet ist. Kandidiert also ein Bewerber in einem „ungünstigen" Wahlbezirk, der bei der innerparteilichen interregionalen Mandatsvergabe wegen einer geringen Stimmenzahl nur wenige Mandate oder gar keines erhält, hat er trotz seiner Popularität das Nachsehen. Diese Schwäche bedeutet aber nicht, dass man auf die Kombination von Regionalisierung und Personalisierung verzichten sollte. Der dargestellte Fall bildet eine Ausnahme, der – wenn er sich denn einstellt – als notwendiges Übel betrachtet werden muss, das die zahlreichen Vorteile des Modells keinesfalls neutralisiert. Darüber hinaus erschweren die zwei im Zusammenhang mit den regionalen Wahlbezirken bereits vorgeschlagenen Abfederungsmechanismen, nämlich die begrenzte Möglichkeit zu Doppelkandidaturen sowie der Verzicht auf zu viele und zu kleine Wahlbezirke, das Auftreten des paradoxen Falls wirkungsvoll.

---

[174] Zusätzlich ließe sich das Verfahren Sainte-Laguë noch für die Zuteilung der vorgeschlagenen zehn Prozent Sondermandate an die transnationalen Listen verwenden.

[175] Damit fände die Wahlbeteiligung in den unterschiedlichen Bezirken Berücksichtigung.

# Schlussbetrachtung

Die historische, politische und rechtliche Analyse des Wahlrechts zum Europäischen Parlament hat gezeigt, dass der Untertitel dieser Arbeit kaum übertrieben ist: Wir haben es mit einem „schwierigen Weg“ zu einem einheitlichen Verfahren zu tun. Wie man die Fortschritte, die auf dem steinigen Pfad erzielt worden sind, beurteilt, hängt von der Perspektive ab. Ausgehend von der Situation nach Gründung der Europäischen Gemeinschaften, als „one man“ zunächst „no vote“ hatte und dafür folglich auch kein „value“ bestand, hat ein bemerkenswerter Evolutionsprozess stattgefunden.

Nicht zuletzt unter dem Druck des selbstbewussten Parlaments sind im Laufe der Jahre zu Stande gekommen: die Einführung der Direktwahl, der Zustimmungsvorbehalt des EP in Bezug auf die Schaffung eines einheitlichen Verfahrens, die Verankerung der Verhältniswahl in allen Europawahlgesetzen der EU-25, die schrittweise Angleichung der Mandatskontingentierung an eine proportionale Verteilung sowie im Jahr 2002 der Kompromiss zwischen Rat und EP auf der Grundlage des Art. 190,4 EGV. Die EU hat für die Wahl zum EP einen wahlsystematischen Wertekanon fixiert, der für die Mitglieder verbindlich ist – selbst Großbritannien könnte also nicht zur Mehrheitswahl zurückkehren, was vor 2002 möglich war – und der erst recht eine Richtschnur für künftige Beitrittsländer darstellt.

Dennoch wird man bei genauerem Hinsehen zu dem Schluss kommen, dass das sprichwörtliche Glas eher halb leer als halb voll ist. So hat bisher jeder Schlüssel der Mandatszuweisung eindeutig dem Gleichheits- und Demokratiegebot der Verträge und der demokratisch-parlamentarischen Tradition widersprochen. Obwohl die Verzerrungen vermindert worden sind, hat das System bis heute einen Kardinalfehler: Um die Mandate wird wie auf einem Basar gefeilscht. So erlebte die Händlermentalität der Staats- und Regierungschefs auf dem Gipfel von Nizza einen weiteren Höhepunkt. Das Ergebnis inklusive der bereits erfolgten Nachverhandlungen fixiert eine neue Aufteilung, die nicht schlüssig ist. Auch die Formel im Verfassungsvertragsentwurf, die eine Obergrenze von 96 und eine Untergrenze von 6 Mandaten pro Mitgliedstaat vorsieht, würde das System im Kern perpetuieren und sogar die mühsam reduzierten Verzerrungen wieder erhöhen.

Die Vereinheitlichung der Wahlsysteme in den einzelnen Ländern schreitet ebenfalls nur schleppend voran. Dass mit dem Amsterdamer Vertrag die ursprüngliche Vorgabe eines einheitlichen Wahlsystems verwässert wurde, schafft eine unbefriedigende rechtliche Absicherung des Status quo, entbindet die Mitgliedstaaten aber nicht von ihrer politischen Verantwortung, der Gleichheit ihrer Bürger, die für die Bestellung eines gemeinsamen Parlaments fundamental ist, mehr Aufmerksamkeit zu schenken. So gesehen ist die Reform des DWA aus dem Jahr 2002 eine herbe Enttäuschung.

Die reformierte Fassung bietet abgesehen von der lapidaren Vertröstung auf eine Überprüfung vor den Wahlen im Jahr 2009 sowie der Bestimmung, dass das EP weiter Vorschläge zur Ausweitung der Uniformität unterbreiten kann, keine Vorgaben für eine zusätzliche Homogenisierung. Innovative, die europäische Dimension stärkende Elemente wie die transnationalen Listen des Anastassopoulos-Berichts fehlen. Die Aufstellung der optionalen Regelungen ist länger als die der verbindlichen. Das „Reförmchen“ hat keine akute Veränderung mit sich gebracht, sondern den erreichten Stand kodifiziert.

Es konnte nicht einmal verhindern, dass Frankreich sein Wahlsystem von der Verhältniswahl im nationalen Einheitswahlkreis auf die Verhältniswahl in unverbundenen regionalen Mehrpersonenwahlkreisen umgestellt hat, was der Proportionalität der Stimmen-Mandate-Relation abträglich ist. Das Aufgeben einer Stimmenverrechnung auf nationaler Ebene bedeutet zudem die Abwendung von der EU-weit dominierenden und für die Wahl zum EP angemessenen Methode.

Da also die Verwirklichung eines einheitlichen und gleichen Wahlrechts immer noch aussteht, habe ich nach eingehender Erörterung der reichen Auswahl an wahlsystematischen Elementen versucht, Vorschläge zu entwickeln bzw. aufzugreifen, die sich dem Leitprinzip „One man, one vote, one value“ annähern. Die Haupt- und Nebenbedingungen lauteten dabei wie folgt: möglichst proportionale Repräsentation aller Bürger der Union, ohne deren Identität als Angehörige eines Mitgliedsvolks aufzuheben; Stärkung der Beziehung zwischen Wählern und Abgeordneten, Steigerung der Partizipationsmöglichkeiten des Wählers, Beachtung der Rolle der Parteien. Unter Einbeziehung dieser Eckdaten hat sich die Kombination nachstehender Elemente herauskristallisiert:

- Verhältniswahl (Listenwahl) in nationalen Wahlkreisen mit landesweiter Stimmenverrechnung
- Fixe Mandatszuweisung an die nationalen Wahlkreise nach proportionalen Gesichtspunkten (aber mit je drei Grundmandaten)
- Aufteilung der nationalen Wahlkreise in Wahlbezirke (bei < 20 Mio. Einwohnern optional)
- Lose gebundene Liste: Wähler bestätigt von der Partei vorgegebene Reihenfolge der Kandidaten oder ordnet sie per STV neu
- Wahl von 10 Prozent der Abgeordneten nach transnationalen Listen
- Verbot künstlicher Sperrklauseln
- Verrechnungsmethode Sainte-Laguë (für Präferenzstimmgebung: STV-Droop)

Ein solches System dürfte den oben genannten Anforderungen an ein optimiertes Verfahren für die Wahlen zum EP gerecht werden. Es will nicht nur weithin akzeptierte Einzelelemente unverbunden nebeneinander stellen, sondern Konsistenz und Kohärenz gewährleisten. Abgesehen von sehr geringen Widersprüchen bei der Präferenzstimmgebung im Zusammenhang mit regionaler Listenform kann das gelingen.

Zweifellos taugt der obige Vorschlag gegenwärtig nicht als Kompromissformel für die Mitgliedstaaten, weil alle mehr oder weniger starke Veränderungen an ihren Europawahlsystemen vornehmen müssten – ein kühner Optimist, wer so viel Reformfreudigkeit erwartet. Purer Pragmatismus ist aber auch gar nicht die Antriebsfeder des Entwurfs[176]; er spiegelt vielmehr den Versuch wider, sich auf einem Mittelweg zwischen politischen Realitäten – wie der nur sehr zögerlichen

[176] Deshalb wurde auf den Verweis auf mögliche Ausnahmeregelungen, wie sie im DWA (vgl. Neufassung von Art. 7) ausdrücklich erlaubt sind, an dieser Stelle verzichtet. Sie sind Teil von Detailverhandlungen; ein Grundsatzvorschlag kann sie hintanstellen. Solche Ausnahmen können in Einzelfällen bei einer besonderen geographischen oder ethnischen Struktur zwar durchaus sinnvoll sein. Sie sollten dennoch nicht als Vorwand zum „Opting out" missbraucht werden.

Europäisierung des politischen, gesellschaftlichen und kulturellen Raumes – und theoretischen Maximalvorstellungen zu bewegen.

Am drängendsten ist gewiss eine Reponderierung der Mandatskontingente, die endlich dem Regime willkürlicher Verteilung ein Ende setzt. Eine proportionale Verteilung mit einer beschränkten Zuweisung von Grundmandaten, um die Repräsentanz aller Völker zu sichern, stellt einen gangbaren Weg dar, auch wenn dieses Vorgehen auf den Widerstand derjenigen Staaten stoßen dürfte, die eine Reduktion hinzunehmen hätten.

Die Realisierung einer weiter gehenden, ambitionierten Vereinheitlichung verlangt den Mitgliedstaaten und den Bürgern einiges ab. Die Vorschläge in dieser Arbeit bewegen sich aber noch im Rahmen des Zumutbaren. Von einem „aufgepfropften" Verfahren, das der Partizipation mehr schade als nutze, kann genauso wenig die Rede sein wie von einer zu großen Komplexität, welche den Eliten-Bias verstärke. Jeder Wähler hätte zwei Stimmen (eine für die nationalen und eine für die transnationalen Listen), wobei er die national gebundene Stimme durch eine Neuordnung der Kandidaten der von ihm präferierten Liste präzisieren könnte, aber nicht müsste. Im Vergleich zur Komplexität und Verschiedenartigkeit einiger auf nationaler und subnationaler Ebene in Gebrauch befindlicher Wahlsysteme[177] würde dies keinen Sprung ins Ungewisse bedeuten.

Möglicherweise könnten sich die Bürger sogar eher an das hier empfohlene Verfahren gewöhnen, als die mitgliedstaatlichen Autoritäten in der Lage wären, über ihren Schatten zu springen. Um den politischen Akteuren in den Mitgliedstaaten das Reformvorhaben nahe zu bringen, müsste ihnen vor Augen geführt werden, dass alle Länder national Gewohntes und Erprobtes in dem Verfahren wiederfinden. Einige Beispiele: Für die Länder mit einem nationalen Einheitswahlkreis bleibt dieser durch die nationale Stimmenverrechnung bestehen. Der Einheitswahlkreis garantiert zudem im Zusammenhang mit dem Fehlen einer Sperrklausel eine hohe Proportionalität (wichtig vor allem für Italien und die

---

[177] Vgl. Kumulieren und Panaschieren mit Wahlzetteln immensen Umfangs bei Kommunalwahlen in Süddeutschland. In Deutschland etwa gibt es für Europa-, Bundestags-, Landtags- und Kommunalwahlen vier unterschiedliche Verfahren, wobei die Landtags- und Kommunalwahlsysteme auch noch horizontal differieren. Die Direktwahl der Bürgermeister und Landräte kommt als weiteres Verfahren hinzu. In Frankreich und Großbritannien kommen bei Europawahlen und Wahlen zu den nationalen Parlamenten wie besprochen sogar unterschiedliche Repräsentationsprinzipien zum Zuge.

Niederlande). Die vorgesehene Aufteilung in Wahlbezirke sollte Länder mit starken regionalen Elementen wie Großbritannien, Belgien[178] und Irland zufrieden stellen können. Irland und Malta würden ihr traditionelles STV-System EU-weit auf der Ebene der Kandidatenpräferenzen angewandt sehen. Die jedem Wähler offen stehende Möglichkeit einer differenzierten Artikulation seiner Präferenzen in Bezug auf die Kandidaten einer Partei dürfte überall dort Gefallen finden können, wo Präferenzstimmgebung bereits heute üblich ist – und Luxemburg entschädigen, das sein noch offeneres Verfahren der Mehrstimmgebung mit Panaschieren abschaffen müsste. Schließlich würde die zur Verrechnung vorgeschlagene Sainte-Laguë-Methode ein bisher nur in Lettland angewandtes, aber deswegen keineswegs weniger geeignetes Verfahren zum europäischen Standard erheben. Auf der anderen Seite bliebe die Stellung der Parteien durch die Wahl nach Listen und den Einfluss der Parteien hinsichtlich der Fraktionsplanung zumindest teilweise bestehen – wichtig für diejenigen Mitgliedstaaten, die wie Griechenland, Spanien, Deutschland oder Ungarn eine starke Rolle der Parteien bei starren Listen kennen.

Zusammenfassend bleibt festzuhalten: Entscheidende Schritte auf dem Weg zu einem einheitlichen Wahlrecht sind gegenwärtig wenig wahrscheinlich, aber sie wären möglich, ohne dass der Gesetzgeber wahlsystematisch und wahlsystemhistorisch mit allem bisher Bekannten brechen müsste. In jedem Fall sollten die Verfechter eines einheitlichen Wahlverfahrens ihrem Ziel treu bleiben. Im Falle eventueller Ermüdungserscheinungen empfiehlt sich – wie schon von Karlheinz Reif (1984: 243) nahe gelegt – ein Blick über den Tellerrand des politischen Systems der EU hinaus: Andere (prä)föderale Gebilde haben in der Vergangenheit viel länger gebraucht als die Europäische Union, sich überhaupt auf Wahlen zu einem gemeinsamen parlamentarischen Organ zu verständigen.

---

[178] Selbst in einem segmentierten Land wie Belgien scheint die Aufteilung in unverbundene regionale Wahlkreise nicht sakrosankt zu sein. So schlug der einflussreiche damalige Ministerpräsident Leo Tindemans 1979 für die Europawahlen einen nationalen Einheitswahlkreis vor, weil er meinte, dass Europa eine gemeinsame Angelegenheit aller Belgier sei (Huber 1981: 89).

# Anhang

## A.1. Zu den statistischen Methoden

### a) Effektive Zahl der Parlamentsparteien

Die effektive Zahl der Parlamentsparteien lässt sich leicht über den Taagepera-Laakso-Index bestimmen (Taagepera / Laakso 1979). Dabei werden die quadrierten relativen Mandatsanteile jeder im Parlament vertretenen Partei aufsummiert. Der Kehrwert des Ergebnisses gibt die effektive Zahl der Parlamentsparteien an:

$P_{eff} = 1 / \sum s_i^2$.

Der Vorteil eines solchen Vorgehens liegt im Vergleich zu einer schlichten Betrachtung der absoluten Zahl der Parlamentsparteien darin, dass die Parteien mit ihrem jeweiligen Gewicht in die Berechnung eingehen. Somit kann man den Fragmentierungsgrad des Parteiensystems im Parlament zuverlässiger ablesen. Eine ähnliche Berechnung lässt sich für alle Parteien anstellen, die insgesamt zur Wahl antreten – also unter Einschluss derjenigen, die bei der Mandatsvergabe leer ausgehen. Ein Vergleich der beiden Indizes lässt Rückschlüsse darauf zu, in welchem Maße vom Wahlsystem eine Konzentrationswirkung auf das Parteiensystem ausgeht. Diese Überlegung ist aber im Kap. 1.2 entbehrlich, weil es dort lediglich darum geht, anhand der Parteienkonstellation in den Parlamenten Aussagen über deren prinzipielle Arbeitsfähigkeit zu machen. Es versteht sich von selbst, dass diese statistisch fundierten Aussagen den jeweiligen *inhaltlichen* Fragmentierungsgrad innerhalb des Parteiensystems nicht mit einschließen können.

### b) Proportionalitätsanalyse

Für die Proportionalitätsanalysen des Kapitels 4.2 wurden die Verfahren nach Rose (1984) und Gallagher (1991) herangezogen.

***Gallagher*:** Man bilde die Differenz von Stimmenanteil $s_i$ und Mandatsanteil $v_i$ jeder Partei und quadriere jeweils das Ergebnis. Sodann multipliziere man die aufsummierten Einzelwerte mit ½ und ziehe aus dem gesamten Term die Wurzel.

***Rose:*** Man bilde die Differenz von Stimmenanteil $s_i$ und Mandatsanteil $v_i$ jeder Partei, summiere die Ergebnisse auf, multipliziere das aufsummierte Ergebnis mit ½ und subtrahiere den gesamten Term von 100.

Der Charme des Rose-Indexes liegt darin, dass er eine Art prozentualer Proportionalität sichtbar macht und damit sehr plakativ ist. Mathematisch gesehen rekurriert der Index auf die Variante nach Loosemore und Hanby, bei der lediglich der Wert der mit ½ multiplizierten Summe der Differenzen von Stimmen- und Mandatsanteilen ermittelt wird. Es wird eine totale Prozentzahl gemessen, mit der die überrepräsentierten Parteien überrepräsentiert sind. Tendenziell neigt der Loosemore-Hanby-Index (und damit auch der Rose-Index) zur Übertreibung der Disproportionalität in Verhältniswahlsystemen, weil nur der Divisor 2 verwendet wird (vgl. ausführlich Lijphart 1994).

Dem Loosemore-Hanby-Index vom Effekt her entgegengesetzt ist der klassische Rae-Index (Rae 1971), der eher eine Untertreibung der Disproportionalität hervorbringt. Der Gallagher-Index wählt einen Mittelweg, bei dem die Abweichungen sinnvollerweise mit ihrem eigenen Wert gewichtet werden. So werden einige große Abweichungen stärker berücksichtigt als viele kleine. Deshalb ist der Gallagher-Index für unsere Analyse besonders geeignet.

### c) Operationalisierung

Für die Berechnungen zu Parteienzahl und Proportionalität musste eine Reihe von Annahmen getätigt werden, um die erläuterten Indizes auf das vorliegende statistische Material anzuwenden. Das Vorgehen im Einzelnen:

Die Wahlergebnisse zu den Europawahlen 2004 und 1999 (sowie ausgesucht für 1994) wurden entnommen aus: www.elections2004.eu.int (08.11.2004), Statistisches Bundesamt (1999) sowie European Parliament (Directorate-General for Information and Public Relations) 1999: Results and elected members (Revised edition – 28 July 1999) und www3.europarl.eu.int/election/default.htm (08.11.2004). Außerdem wurden die offiziellen Ergebnisse aus den Mitgliedstaaten, die dem Statistischen Bundesamt zurzeit für die Erstellung des Heftes 5 zur Europawahl vorliegen, herangezogen.

Die Wahlergebnisse, die der Berechnung der effektiven Zahl der Parlamentsparteien in ausgewählten Mitgliedstaaten der EU dienten, basieren auf: www.electionworld.org sowie www.parties-and-elections.de (jeweils 08.11.2004).

„Sonstige Parteien“, die keine Mandate erzielt haben, haben in der Proportionalitätsanalyse keine Berücksichtigung gefunden. Die Abweichung von

Stimmen- und Mandatsanteil ist für aggregierte „sonstige Parteien“ wegen der verzerrenden Wirkung nicht berechnet und somit auch nicht in die Analyse einbezogen worden (vgl. Lijphart 1994). Dadurch suggerieren die Indizes von Rose und Gallagher eine etwas höhere Proportionalität als die tatsächlich vorliegende. Dennoch fällt die Tatsache, dass „sonstige Parteien“ bei der Mandatsvergabe nicht berücksichtigt werden, nicht völlig unter den Tisch, da dies indirekt die Differenz zwischen Stimmen- und Mandatsanteil bei den an der Sitzverteilung beteiligten Parteien erhöht.

Die unabhängigen Kandidaten in Irland sind, wenn sie ein Mandat erringen konnten, bei den Proportionalitätsanalysen nicht berücksichtigt worden. Als Sonderfall passen sie nicht in das auf Parteien angelegte Analyseraster. Daher wird bei der Berechnung so getan, als ob die entsprechenden Mandate nicht existieren würden und die Wähler der erfolgreichen unabhängigen Kandidaten gar nicht an den Europawahlen teilgenommen hätten. Die Abweichungen sind aber nur geringfügig, weil es sich lediglich um jeweils zwei Sitze (2004 und 1999) handelt. Die (statistische) Gesamtzahl der Parlamentssitze im Europäischen Parlament verringert sich in den Berechnungen somit auf 730 (2004) bzw. 624 (1999).

Beim luxemburgischen Wahlsystem, in dem jeder Wähler bis zu sechs Stimmen hat, wird der prozentuale Stimmenanteil der einzelnen Parteien aufgrund der Gesamtzahl der abgegebenen Stimmen ermittelt, die deutlich über der Zahl der Wahlberechtigten liegt. Für die Proportionalitätsanalyse zu den transnationalen Fraktionen ergibt sich dabei ein Problem, da die luxemburgischen Parteien mit dem bis zu Sechsfachen ihres eigentlichen Gewichts in die Berechnung eingehen könnten. Daher wird ausgehend vom Stimmenanteil jeder Partei und der Gesamtzahl der gültigen Wahlzettel eine hypothetische „Unterstützerzahl“ konstruiert, die simuliert, dass jeder Wähler nur eine Stimme hat.

Bei der Zugehörigkeit der nationalen Parteien zu den transnationalen Fraktionen wurden die Zuordnungen jeweils direkt nach den Wahlen betrachtet. Mehrere Listen haben sich allerdings unmittelbar auf verschiedene Fraktionen aufgeteilt. Dies ist in der Weise in die Proportionalitätsanalyse eingegangen, dass der betreffenden Fraktion die jeweilige Mandatszahl und ein dem Anteil dieser Mandatszahl an den Gesamtmandaten der Partei entsprechende Stimmenzahl zugeordnet wurden. Die Gruppe der fraktionslosen Abgeordneten wurde in den Statistiken als eine eigene Fraktion erfasst.

## A.2. Wahlstatistik

Tab. 11: Wahlbeteiligung bei den Europawahlen 2004 und 1999

| Land | Wahl-berechtigte 2004 | Abgegebene Stimmen 2004 | **Wahl-beteiligung 2004 in %** | Wahl-berechtigte 1999 | Abgegebene Stimmen 1999 | **Wahl-beteiligung 1999 in %** |
|---|---|---|---|---|---|---|
| BEL | 7.552.240 | 6.857.986 | **90,8** | 7.343.466 | 6.686.222 | **91,0** |
| DEN | 4.012.663 | 1.921.541 | **47,9** | 4.012.440 | 2.021.922 | **50,4** |
| DEU | 61.682.394 | 26.523.104 | **43** | 60.766.241 | 27.472.760 | **45,2** |
| EST | 873.809 | 234.485 | **26,8** | | | |
| FIN | 4.227.987 | 1.666.932 | **39,4** | 4.141.098 | 1.247.685 | **30,1** |
| FRA | 41.518.582 | 17.752.582 | **42,8** | 40.129.780 | 18.765.259 | **46,8** |
| GRE | 9.909.955 | 6.283.525 | **63,4** | 8.912.901 | 6.712.684 | **75,3** |
| IRL | 3.131.540 | 1.841.335 | **58,8** | 2.836.596 | 1.438.287 | **50,7** |
| ITA | 49.854.299 | 35.597.496 | **73,1** | 49.309.064 | 34.910.815 | **70,8** |
| LAT | 1.397.736 | 577.879 | **41,3** | | | |
| LTU | 2.654.311 | 1.284.050 | **48,4** | | | |
| LUX | 214.318 | 209.689 | **89** | 216.512 | 185.768 | **85,8** |
| MLT | 304.283 | 250.691 | **82,4** | | | |
| NDL | 12.168.878 | 4.777.121 | **39,3** | 11.855.000 | 3.544.408 | **29,9** |
| AUT | 6.049.129 | 2.566.639 | **42,4** | 5.847.605 | 2.865.977 | **49,0** |
| POL | 29.986.109 | 6.258.550 | **20,9** | | | |
| POR | 8.821.456 | 3.404.782 | **38,6** | 8.572.953 | 3.460.777 | **40,4** |
| SWE | 6.827.870 | 2.584.464 | **37,8** | 6.664.205 | 2.588.514 | **38,8** |
| SVK | 4.210.463 | 714.508 | **17,0** | | | |
| SLO | 1.628.918 | 461.879 | **28,3** | | | |
| ESP | 34.706.044 | 15.666.507 | **45,1** | 32.944.451 | 21.209.685 | **64,4** |
| CZE | 8.283.485 | 2.346.010 | **28,3** | | | |
| HUN | 8.046.247 | 3.097.657 | **38,5** | | | |
| GBR | 44.157.400 | 17.146.559 | **38,8** | 44.499.329 | 10.689.847 | **24,0** |
| CYP | 483.311 | 350.387 | **71,2** | | | |
| Total | **352.703.427** | **160.376.358** | **45,7** | **288.051.641** | **143.800.610** | **49,9** |

Quelle: http://www3.europarl.eu.int/election/default.htm
http://www.elections2004.eu.int

Tab. 12: Sitzverteilung nach Fraktionen und Mitgliedstaaten – Europawahlen 2004

| Land | EVP | SPE | ALDE | GRÜNE | VEL/ NGL | IND/ DEM | UEN | FL | Σ |
|---|---|---|---|---|---|---|---|---|---|
| **BEL** | 6 | 7 | 6 | 2 | | | | 3 | **24** |
| **DEN** | 1 | 5 | 4 | 1 | 1 | 1 | 1 | | **14** |
| **DEU** | 49 | 23 | 7 | 13 | 7 | | | | **99** |
| **EST** | 1 | 3 | 2 | | | | | | **6** |
| **FIN** | 4 | 3 | 5 | 1 | 1 | | | | **14** |
| **FRA** | 17 | 31 | 11 | 6 | 3 | 3 | | 7 | **78** |
| **GRE** | 11 | 8 | | | 4 | 1 | | | **24** |
| **IRL** | 5 | 1 | 1 | | 1 | 1 | 4 | | **13** |
| **ITA** | 24 | 16 | 12 | 2 | 7 | 4 | 9 | 4 | **78** |
| **LAT** | 3 | | 1 | 1 | | | 4 | | **9** |
| **LTU** | 2 | 2 | 7 | | | | 2 | | **13** |
| **LUX** | 3 | 1 | 1 | 1 | | | | | **6** |
| **MLT** | 2 | 3 | | | | | | | **5** |
| **NED** | 7 | 7 | 5 | 4 | 2 | 2 | | | **27** |
| **AUT** | 6 | 7 | | 2 | | | | 3 | **18** |
| **POL** | 19 | 8 | 4 | | | 10 | 7 | 6 | **54** |
| **POR** | 9 | 12 | | | 3 | | | | **24** |
| **SWE** | 5 | 5 | 3 | 1 | 2 | 3 | | | **19** |
| **SVK** | 8 | 3 | | | | | | 3 | **14** |
| **SLO** | 4 | 1 | 2 | | | | | | **7** |
| **ESP** | 24 | 24 | 2 | 3 | 1 | | | | **54** |
| **CZE** | 14 | 2 | | | 6 | 1 | | 1 | **24** |
| **HUN** | 13 | 9 | 2 | | | | | | **24** |
| **GBR** | 28 | 19 | 12 | 5 | 1 | 11 | | 2 | **78** |
| **CYP** | 3 | | 1 | | 2 | | | | **6** |
| Σ | **268** | **200** | **88** | **42** | **41** | **37** | **27** | **29** | **732** |

Tab. 13: Sitzverteilung nach Fraktionen und Mitgliedstaaten – Europawahlen 1999

| Land | EVP | SPE | ELDR | GRÜNE | VEL/ NGL | EDU | TUA | UEN | FL | Σ |
|---|---|---|---|---|---|---|---|---|---|---|
| BEL | 6 | 5 | 5 | 7 | | | 2 | | | 25 |
| DEN | 1 | 3 | 6 | | 1 | 4 | | 1 | | 16 |
| DEU | 53 | 33 | | 7 | 6 | | | | | 99 |
| FIN | 5 | 3 | 5 | 2 | 1 | | | | | 16 |
| FRA | 21 | 22 | | 9 | 11 | 6 | 5 | 12 | 1 | 87 |
| GRE | 9 | 9 | | | 7 | | | | | 25 |
| IRL | 5 | 1 | 1 | 2 | | | | 6 | | 15 |
| ITA | 34 | 17 | 8 | 2 | 6 | | 11 | 9 | | 87 |
| LUX | 2 | 2 | 1 | 1 | | | | | | 6 |
| NED | 9 | 6 | 8 | 4 | 1 | 3 | | | | 31 |
| AUT | 7 | 7 | | 2 | | | | | 5 | 21 |
| POR | 9 | 12 | | | 2 | | | 2 | | 25 |
| SWE | 7 | 6 | 4 | 2 | 3 | | | | | 22 |
| ESP | 28 | 24 | 3 | 4 | 4 | | | | 1 | 64 |
| GBR | 37 | 30 | 10 | 6 | | 3 | | | 1 | 87 |
| Σ | **232** | **180** | **50** | **48** | **42** | **16** | **18** | **30** | **8** | **626** |

Tab. 14: Sitzverteilung nach Fraktionen und Mitgliedstaaten – Europawahlen 1994

| Land | SPE | EVP | LIB | GRÜNE | REA | VEL | UFE | UEN | FE | FL | Σ |
|---|---|---|---|---|---|---|---|---|---|---|---|
| BEL | 6 | 7 | 6 | 2 | 1 | | | | | 3 | 25 |
| DEN | 3 | 3 | 5 | 1 | | | | 4 | | | 16 |
| DEU | 40 | 47 | | 12 | | | | | | | 99 |
| FIN | 4 | 4 | 5 | 1 | | 2 | | | | | 16 |
| FRA | 15 | 13 | 1 | | 13 | 7 | 14 | 13 | | 11 | 87 |
| GRE | 10 | 9 | | | | 4 | 2 | | | | 25 |
| IRL | 1 | 4 | 1 | 2 | | | 7 | | | | 15 |
| ITA | 18 | 12 | 7 | 4 | 2 | 5 | | | 27 | 12 | 87 |
| LUX | 2 | 2 | 1 | 1 | | | | | | | 6 |
| NED | 8 | 10 | 10 | 1 | | | | 2 | | | 31 |
| AUT | 6 | 7 | 1 | 1 | | | | | | 6 | 21 |
| POR | 10 | 1 | 8 | | | 3 | 3 | | | | 25 |
| SWE | 7 | 5 | 3 | 4 | | 3 | | | | | 22 |
| ESP | 22 | 30 | 2 | | 1 | 9 | | | | | 64 |
| GBR | 63 | 19 | 2 | | 2 | | | | | 1 | 87 |
| Σ | **215** | **173** | **51** | **29** | **19** | **33** | **26** | **19** | **27** | **33** | **625** |

# Literaturverzeichnis

## L.1 Monographien und Aufsätze

**Arnim, Hans-Herbert von 2002:**
Wählen wir unsere Abgeordneten unmittelbar?; in: Juristenzeitung, Jahrgang 57, n°12, 578-588

**Baimbridge, Mark / Darcy, Darren 2001:**
European Electoral Systems and Disproportionality; in: Lodge, Juliet (Hrsg.): The 1999 Elections to the European Parliament. Basingstoke (u.a.): Palgrave, 252-262

**Balinski, M.I. / Young, H.P. 1982:**
Fair Representation in the European Parliament; in: Journal of Common Market Studies, Volume 20, n°4, 361-373

**Bangemann, Martin / Bieber, Roland 1976:**
Die Direktwahl, Sackgasse oder Chance für Europa? : Analysen und Dokumente. Baden-Baden: Nomos

**Bardi, Luciano 1990:**
The Harmonization of European Electoral Law; in: Noiret, Serge (Hrsg.): Political Strategies and Electoral reforms: Origins of Voting Systems in Europe in the 19th and 20th Centuries = Strategies politiques et reformes electorales, Europäisches Hochschulinstitut Florenz. Baden-Baden: Nomos, 503-529

**Becht, Ernst 1990:**
Die 5%-Klausel im Wahlrecht: Garant für ein funktionierendes parlamentarisches Regierungssystem?. Stuttgart (u.a.): Boorberg

**Beyme, Klaus von 1984:**
Parteien in westlichen Demokratien, 2., überarbeitete Auflage. München : Piper

**Bieber, Roland 1997:**
Reformen der Institutionen und Verfahren – Amsterdam kein Meisterstück; in: Integration, 20 (4), 236-247

**Birke, Wolfgang 1961:**
European Elections by Direct Suffrage, A comparative study of the electoral systems used in Western Europe and their utility for the direct election of a European Parliament. Leiden: Sijthoff

**Blais, André / Massicotte, Louis 1996:**
Electoral Systems; in: LeDuc, Lawrence / Niemi, Richard G. / Norris, Pippa (Hrsg.): Comparing Democracies : Elections and Voting in Global Perspective. Thousand Oaks (u.a.): Sage, 49-81

**Bleckmann, Albert 1979:**
Nochmals: Europawahlgesetz verfassungskonform?; in: Die Öffentliche Verwaltung, 13-14/1979, 503-50

**Bocklet, Reinhold 1992:**
Der Streit um die Mandatszahlen; in: EG-Magazin 7-8 /1992, 49-51

**Bogdanor, Vernon 1983a:**
Introduction; in: ders. / Butler, David (Hrsg.): Democracy and Elections : Electoral Systems and their Political Consequences. Cambridge (u.a.) : Cambridge University Press, 1-19

**Bogdanor, Vernon 1983b:**
Conclusion: electoral systems and party systems; in: ders. / Butler, David (Hrsg.): Democracy and Elections : Electoral Systems and their Political Consequences. Cambridge (u.a.) : Cambridge University Press, 247-262

**Bogdanor, Vernon 1989:**
Direct Elections, Representative Democracy and European Integration; in: Electoral Studies, 8 / 3, 205-216

**Bomsdorf, Eckart 1987:**
Ein neues Verfahren zur Umsetzung von Wählerstimmen in Mandate; in: Zeitschrift für Parlamentsfragen 18, 221-227

**Borchmann, Michael 1992:**
Das Europäische Parlament – Scheinparlament ohne ausreichende demokratische Legitimation?; in: Europäische Zeitschrift für Wirtschaftsrecht, 4/1992, 97

**Bowler, Shaun / Farrell, David M. 1993:**
Legislator-Shirking and Voter-Monitoring: Impacts of European Parliament Electoral Systems upon Legislator – Voter Relationships; in: Journal of Common Market Studies, Volume 31, n°1, 46-69

**Brams, Steven J. / Fishburn, Peter C. 1984:**
A Note on Variable-Size Legislatures to Achieve Proportional Representation; in: Lijphart, Arend / Grofman, Bernard (Hrsg.): Choosing an Electoral System : Issues and Alternatives. New York (u.a.): Praeger, 175-177

**Brew, David 1981**
Options for a Uniform Voting System; in: Sasse, Christoph et al (Hrsg.): The European Parliament: Towards a Uniform Procedure or Direct Elections. Florenz: Europäisches Hochschulinstitut, 251-292

**Bücking, Hans-Jörg 1998:**
Der Streit um Grundmandatsklausel und Überhangmandate; in: Jesse, Eckhard (Hrsg.): Wahlen in Deutschland. Berlin: Duncker & Humblot, 141-216

**Cole, Michael 1999:**
Adversary Politics and Proportional Representation; in: The Political Quarterly, 166-174

**Corbett, Richard / Jacobs, Francis / Shackleton, Michael 1995:**
The European Parliament, 3. Auflage. London: Cartermill

**Cox, Gary W. 1997:**
Making Votes Count : Strategic Coordination in the World's Electoral Systems. Cambridge (u.a.): Cambridge University

**Cracknell, Richard / Morgan, Bryn 1999:**
European Parliament Elections – 1979 to 1994, Research Paper 99/57. London: House of Commons Library

**De Vries, Guy 1996:**
La procédure électorale uniforme du Parlement européen: un pas pour rapprocher l'Europe des Citoyens; in: Revue du Marché commun et de l'Union européenne, n°399, Juni 1996, 417-421

**Denecke, Felix 1997:**
Die Legitimationskrise der EU und die Rolle des Europäischen Parlaments. Magisterarbeit, Universität Osnabrück

**Dörr, Dieter / Thönes, Reinhard 1981:**
Die Verfassungsmäßigkeit der 5%-Sperrklausel im Europawahlgesetz, Juristische Schulung, 2/1981, 108-112

**Dummett, Michael 1997:**
Principles of Electoral Reform. Oxford (u.a.): Oxford University Press

**Duverger, Maurice 1959:**
Die politischen Parteien. Tübingen: Mohr (Siebeck)

**Duverger, Maurice 1984:**
Which Is The Best Electoral System?; in: Lijphart, Arend / Grofman, Bernard (Hrsg.): Choosing an Electoral System : Issues and Alternatives. New York (u.a.): Praeger, 31-39

**Eising, Rainer / Kohler-Koch, Beate 1999a:**
Introduction: network governance in the European Union; in: dies. (Hrsg.): The Transformation of Governance in the European Union. London (u.a.): Routledge, 14-35

**Eising, Rainer / Kohler-Koch, Beate 1999b**:
Governance in the European Union: a comparative assessment; in: dies. (Hrsg.): The Transformation of Governance in the European Union. London (u.a.): Routledge, 267-285

**Emmert, Frank 1996:**
Europarecht. München: Beck

**Europäisches Parlament (Generaldirektion Parlamentarische Dokumentation und Information) 1969:**
Für allgemeine direkte Wahlen zum Europäischen Parlament, Dokumentensammlung

**Europäisches Parlament (Generaldirektion Wissenschaft) 1997:**
Die Wahlgesetze für die Europawahlen, Arbeitsdokument, Reihe Politik, W 13

**European Parliament (Division for international and constitutional affairs) 2001:**
Note for the attention of Mr Julian Priestley, Secretary General, Information on the electoral systems for the election of EP Members in the Member States, WIP 2001/11/0012

**Farrell, David M. 2001:**
Electoral Systems, A Comparative Introduction. Basingstoke (u.a.): Palgrave

**Felder, Rupert 1991:**
Institutionelle Fragen des Europäischen Parlaments durch die Vereinigung Deutschlands; in: Zeitschrift für Parlamentsfragen, 4/1991, 567-572

**Finer, Samuel E. 1975:**
Adversary politics and electoral reform. London: Wigram

**Fleuter, Robert 1991:**
Mandat und Status des Abgeordneten im Europäischen Parlament. Pfaffenweiler: Centaurus

**Gabel, Matthew J. 1998:**
The Endurance of Supranational Governance, A Consociational Interpretation of the European Union; in: Comparative Politics, Juli 1998, 463-475

**Gallagher, Michael 1991:**
Proportionality, Disproportionality and Electoral Systems; in: Electoral Studies 10, 33-51

**Gay, Oonagh 1998a:**
The European Parliamentary Elections Bill, Bill No 4 of 1998-9, Research Paper 98/102. London: House of Commons Library

**Gay, Oonagh 1998b:**
Voting Systems: The Jenkins Report, Research Paper 98/112. London: House of Commons Library

**Gensior, Walter 1993:**
Europawahl 1994: Rechtsgrundlagen der Vierten Direktwahl der Abgeordneten des Europäischen Parlaments aus der Bundesrepublik Deutschland mit einer erläuternden Einführung; 4., neubearbeitete Auflage. Köln: Deutscher Gemeindeverlag (u.a.)

**Giering, Claus 2001:**
Die institutionellen Reformen von Nizza – Anforderungen, Ergebnisse, Konsequenzen; in: Weidenfeld, Werner (Hrsg.): Nizza in der Anlayse, Strategien in Europa. Gütersloh: Bertelsmann Stiftung, 51-144

**Grabitz, Eberhard / Läufer, Thomas 1980:**
Das Europäische Parlament. Bonn: Europa Union Verlag

**Grabitz, Eberhard / Meyer, Thomas U. 1979:**
Europawahlgesetz: Kommentar; unter Einbeziehung des Bundeswahlgesetzes, der Europawahlordnung, der Bundeswahlgeräteverordnung und sonstiger wahlrechtlicher Nebenvorschriften. Bonn: Europa Union Verlag

**Grabitz, Eberhard 1977:**
Europa-Wahlrecht. Die deutschen gesetzlichen Bestimmungen für die erste Direktwahl des Europäischen Parlaments. Bonn: Institut für Europäische Politik

**Groeben, Hans von der et al 1997:**
Kommentar zum EG/EU-Vertrag, Band 4: Artikel 137-209a EGV; 5., völlig neu bearbeitete Auflage. Baden-Baden: Nomos; hier: **Haag, Marcel / Bieber, Roland**: Vorbemerkungen zu den Artikeln 137-144 sowie Kommentar zu den Artikeln 137 und 138, 4-18 – 4/106

**Grunert, Thomas 1990:**
The European Parliament in Search of a Uniform Electoral Procedure; in: Noiret, Serge (Hrsg.): Political Strategies and Electoral reforms: Origins of Voting Systems in Europe in the 19th and 20th Centuries = Strategies politiques et reformes electorales, Europäisches Hochschulinstitut Florenz. Baden-Baden: Nomos, 487-502

**Hahlen, Johann 1978:**
Das neue Europa-Wahlrecht; in Verwaltungsrundschau, 7-8/1978, 229-235

**Hahlen, Johann 1979:**
Schlusswort; in: Die Öffentliche Verwaltung, 13-14/1979, 505-507

**Herman, Valentine / Hagger, Mark (Hrsg.) 1980:**
The Legislation of direct elections to the European Parliament. Farnborough: Gower

**Hermens, Ferdinand 1961:**
Europäische Wahlen und Europäische Einigkeit; in: Greiß, Franz / Meyer, Fritz W. (Hrsg.): Wirtschaft, Gesellschaft und Kultur : Festgabe für Alfred Müller-Armack. Berlin : Duncker & Humblot, 331-343

**Hermens, Ferdinand A.1951:**
Demokratie oder Anarchie?: Untersuchung über die Verhältniswahl. Frankfurt a. M.: Metzner

**Höreth, Markus 1998:**
Warum sich das Vereinte Europa mit der Demokratie schwer tut; in: Internationale Politik und Gesellschaft, 1/1998, 78-96

**Huber, Christian H. 1979:**
Die Europawahlgesetzgebung der Neun; in: Sasse, Christoph et al (Hrsg.): Wahlsysteme in der Europäischen Gemeinschaft. Baden-Baden: Nomos, 281-300

**Huber, Christian H. 1981:**
Approaches to Direct Elections; in: Sasse, Christoph et al (Hrsg.): The European Parliament: Towards a Uniform Procedure or Direct Elections. Florenz: Europäisches Hochschulinstitut, 83-180

**Hübner, Emil 1984:**
Wahlsysteme und ihre möglichen Wirkungen unter spezieller Berücksichtigung der Bundesrepublik Deutschland; 6., völlig überarbeitete Auflage. München: Bayerische Landeszentrale für politische Bildungsarbeit

**Ipsen, Hans-Peter 1972:**
Europäisches Gemeinschaftsrecht. Tübingen: Mohr (Siebeck)

**Jahn, Britta 2004:**
Europas Anti-Wahl, http://www.europa-digital.de/text/aktuell/dossier/wahl04/antiwahl.shtml (08.11.2004)

**Jesse, Eckard 1992:**
Wahlsysteme und Wahlrecht; in: Gabriel, Oscar W. / Brettschneider, Frank (Hrsg.): Die EU-Staaten im Vergleich; Strukturen, Prozesse, Politikinhalte; 2., überarbeitete und erweiterte Auflage. Opladen: Westdeutscher Verlag, 174-193

**Jesse, Eckhard 1985:**
Wahlrecht zwischen Kontinuität und Reform : eine Analyse der Wahlsystemdiskussion und der Wahlrechtsänderungen in der Bundesrepublik Deutschland 1949 – 1983. Düsseldorf : Droste

**Johnston, R.J. 1984:**
Seats, Votes, Redistricting and the Allocation of Power in Electoral Systems; in: Lijphart, Arend / Grofman, Bernard (Hrsg.): Choosing an Electoral System : Issues and Alternatives. New York (u.a.): Praeger, 59-69

**Judge, David / Earnshaw, David (2003):**
The European Parliament. Basingstoke (u.a.): Palgrave Macmillan

**Jüttner, Alfred / Liese, Hans-J. 1977:**
Taschenbuch der Europäischen Parteien und Wahlen. München: Olzog

**Kaack, Heino 1967:**
Zwischen Verhältniswahl und Mehrheitswahl : zur Diskussion der Wahlrechtsreform in der Bundesrepublik Deutschland. Opladen : Leske

**Kaltefleiter, Werner 1998:**
Die Wirkungsweise von Wahlsystemen; in: Jesse, Eckhard (Hrsg.): Wahlen in Deutschland. Berlin : Duncker & Humblot, 37-49

**Katz, Richard 1980:**
A theory of parties and electoral systems. Baltimore (u.a.): John Hopkins University Press

**Katz, Richard 1997:**
Democracy and elections. Oxford (u.a.): Oxford University Press

**Kielmansegg, Peter Graf 1996:**
Integration und Demokratie; in: Jachtenfuchs, Markus / Kohler-Koch, Beate (Hsrg.): Europäische Integration. Opladen: Leske & Budrich, 37-71

**Klein, Eckart 1987:**
Entwicklungsperspektiven für das Europäische Parlament; in: Europarecht, 22 / 2, 97ff

**Kohler, Beate 1978:**
Der Abgeordnete als Vertreter des europäischen Volkes? Die Demokratietheorie vor der Bewährungsprobe; in: Europarecht, 13 / 4, 332-250

**Kohler-Koch, Beate 1999:**
The evolution and transformation of European governance; in: dies. / Eising, Rainer (Hrsg.): The Transformation of Governance in the European Union. London (u.a.): Routledge, 3-13

**Lakeman, Enid 1970:**
How Democracies Vote, A Study of Majority and Proportional Electoral Systems; 3., überarbeitete Auflage. London: Faber and Faber

**Lakeman, Enid 1984:**
The Case for Proportional Representation; in: Lijphart, Arend / Grofman, Bernard (Hrsg.): Choosing an Electoral System : Issues and Alternatives. New York (u.a.): Praeger, 41-51

**Lakeman, Enid 1990:**
Elections to the European parliament 1989; in: Parliamentary Affairs 43 (1), 77-89

**Läufer, Thomas 1977a:**
Europa-Wahl 1978: 22 Fragen zur Direktwahl. Bonn: Europa Union Verlag

**Läufer, Thomas 1977b:**
Europa-Wahl, Pro und Contra, Begründungen und Stellungnahmen zur Direktwahl des Europäischen Parlaments. Bonn: Institut für Europäische Politik

**Lenz, Christofer 1995:**
Ein einheitliches Verfahren für die Wahl des Europäischen Parlaments, Unverwirklichte Vorgabe der Gemeinschaftsverträge. Baden-Baden: Nomos

**Lenz, Christofer 1998:**
Das Europäische Parlament, Organisation; in: ders. / Bergmann, Jan (Hrsg.): Der Amsterdamer Vertrag : eine Kommentierung der Neuerungen des EU- und EG-Vertrages. Köln: Omnia, 277-287

**Lijphart, Arend / Grofman, Bernard 1984:**
Choosing an Electoral System; in: dies. (Hrsg.): Choosing an Electoral System : Issues and Alternatives. New York (u.a.): Praeger, 3-12

**Lijphart, Arend 1984:**
Democracies: patterns of majoritarian and consensus government in twenty-one countries. New Haven (u.a.): Yale University Press

**Lijphart, Arend 1986:**
Degrees of Proportionality of Proportional Representation Formulas; in: ders. / Grofman, Bernard: Electoral Laws and their Political Consequences. New York: Agathon Press, 170-179

**Lijphart, Arend 1994:**
Electoral systems and party systems : a study of twenty-seven democracies 1945- 1990. Oxford (u.a.): Oxford University Press

**Lodge, Juliet / Herman, Valentine 1982:**
Direct elections to the European Parliament: a Community perspective. London: Macmillan

**Lodge, Juliet 2001:**
Making the EP Elections Distinctive: A Proposal for a Uniform E-election Procedure; in: dies. (Hrsg.): The 1999 Elections to the European Parliament. Basingstoke (u.a.): Palgrave, 263-283

**MacGee, Simon 2001:**
Electoral systems in Europe: an overview. Brüssel: European Centre for Parliamentary Research and Documentation

**Magiera, Siegfried 1995:**
Das Europäische Parlament als Garant demokratischer Legitimation in der Europäischen Union; in: Due, Ole et al (Hrsg.) 1995: Festschrift für Ulrich Everling, Band I. Baden-Baden: Nomos, 789-801

**Mathematik lehren 1998:**
Ausgabe zum Thema Wahlen im Mathematik- und Projektunterricht, Heft 88 / 1998

**Meyer, Hans 1973:**
Wahlsystem und Verfassungsordnung : Bedeutung und Grenzen wahlsystematischer Gestaltung nach dem Grundgesetz. Frankfurt am Main: Metzner

**Millar, David 1990:**
A Uniform Electoral Procedure for European Elections; in: Electoral Studies, 9 / 1, 37-44

**Mitchell, Paul 2000:**
Voters and their representatives: Electoral institutions and delegation in parliamentary democracies; in: European Journal of Political Research, 37 / 3, 335-351

**Müller-Graff, Peter-Christian 1977:**
Die Direktwahl des Europäischen Parlaments : Genese und Perspektiven. Tübingen: Mohr (Siebeck)

**Murswiek, Dietrich 1980:**
Zur Frage, ob die 5%-Sperrklausel für die Wahl der Abgeordneten des Europäischen Parlaments verfassungsgemäß ist; in: Deutsches Verwaltungsblatt, 1. Februar 1980, 123-126

**Neunreither, Karlheinz 1998:**
Governance without opposition: The case of the European Union; in: Government and Opposition, 33 / 4, 419-441

**Nicolaus, Helmut 1995:**
Demokratie, Verhältniswahl & Überhangmandate: Eine Studie zum Wahlverfassungsrecht. Heidelberg: Manutius Verlag

**Nohlen, Dieter 1978:**
Wahlsysteme der Welt, Daten und Analysen, Ein Handbuch. München: Piper

**Nohlen, Dieter 1998:**
Wahlsysteme im Vergleich; in: Jesse, Eckhard (Hrsg.): Wahlen in Deutschland. Berlin : Duncker & Humblot, 51-67

**Nohlen, Dieter 2004a:**
Wahlrecht und Parteiensystem, 4., korrigierte und aktualisierte Auflage. Opladen: Leske & Budrich

**Nohlen, Dieter 2004b:**
Wie wählt Europa? Das polymorphe Wahlsystem zum Europäischen Parlament; in: Aus Politik und Zeitgeschichte, B 17/2004, 29-37

**Norris, Pippa 1997:**
Choosing Electoral Systems: Proportional, Majoritarian an Mixed Systems; in: International Political Science Review, Vol 18(3), July 1997, 297-312

**Ockenfels, Wilfried 1987:**
Direktwahlen zum Europäischen Parlament, Ein empirischer Beitrag zur Analyse der Europawahlen in der Bundesrepublik Deutschland unter besonderer Berücksichtigung des europapolitischen Umfeldes und des Problems der Wahlmotivation. Dissertation, Universität Freiburg im Breisgau

**Ovey, Joey-David 1999:**
Die Europawahl und die Kongruenzlücke; in: Perspektiven ds, 16 / 3, 31-38

**Ovey, Joey-David 2001:**
Between Nation and Europe: Labour, the SPD, and the European Parliament 1994-1999. Dissertation, Universität Osnabrück

**Partsch, Karl-Josef 1978:**
Das Wahlverfahren und sein Einfluss auf die Legitimation des Europäischen Parlaments; in: Europarecht, 13 / 4, 293-310

**Plant, Raymond / Steed, Michael 1997:**
PR for Europe: Proposals to change the electoral system of the European Parliament. London: Federal Trust

**Pöhle, Marlies 1976:**
Direktwahl des Europäischen Parlaments: Ein Ablenkungsmanöver? Zehn skeptische Thesen zu den möglichen Wirkungen; in: Zeitschrift für Parlamentsfragen, 222-225

**Quintin, Yvon 1983:**
Vers une procédure électorale uniforme, Essai d'explication d'un échec; in: Revue du marché commun, 269-272

**Rae, Douglas W. 1971:**
The political consequences of electoral laws; 2., überarbeitete Auflage. New Haven / London: Yale University Press

**Rattinger, Hans 1977:**
Bundesliste oder Landeslisten bei der Direktwahl zum Europäischen Parlament: Auswirkungen auf die Stärke der Parteien; in: Zeitschrift für Parlamentsfragen, 189-196

**Reeve, Andrew / Ware, Alan 1992:**
Electoral Systems, A Comparative and Theoretical Introduction. London (u.a.): Routledge

**Reich, Dietmar O. 1999:**
Rechte des Europäischen Parlaments in Gegenwart und Zukunft. Berlin: Duncker & Humblot

**Reif, Karlheinz / Schmitt, Hermann 1980:**
Nine Second-Order National Elections – A Conceptual Framework for the Analysis of European Election Results; in: European Journal of Political Research, 8 / 1980, 3-44

**Reif, Karlheinz 1984:**
Transnational Problems of a Uniform Procedure For European Elections; in: Lijphart, Arend / Grofman, Bernard (Hrsg.): Choosing an Electoral System : Issues and Alternatives. New York (u.a.): Praeger, 231-245

**Richter, Emanuel 1985:**
Volksvertretung durch das Europäische Parlament?, Anmerkungen zu den Erfordernissen demokratischer Repräsentation; in: Universitas, 749-758

**Rose, Richard 1983:**
Elections and electoral systems: choices and alternatives; in: Bogdanor, Vernon / Butler, David (Hrsg.): Democracy and Elections : Electoral Systems and their Political Consequences. Cambridge (u.a.) : Cambridge University Press, 20-45

**Rose, Richard 1984:**
Electoral Systems: A Question of Degree or of Principle; in: Lijphart, Arend / Grofman, Bernard (Hrsg.): Choosing an Electoral System : Issues and Alternatives. New York (u.a.): Praeger, 73-81

**Roth, Dieter / Kornelius, Bernhard 2004:**
Europa und die Deutschen: Die untypische Wahl am 13. Uni 2004; in: Aus Politik und Zeitgeschichte, B17/2004, 46-54

**Saalfrank, Valentin 1995:**
Funktionen und Befugnisse des Europäischen Parlaments : ihre Bedeutung für das Demokratieprinzip des Grundgesetzes. Stuttgart: Steiner

**Sartori, Giovanni 1994:**
Comparative Constitutional Engineering : An Inquiry into Structures, Incentives and Outcomes. Basingstoke (u.a.): Macmillan

**Scalingi, Paula 1980:**
The European Parliament, The Three-Decade Search for a United Europe. London: Aldwych

**Schönberger, Peter 1994:**
Hauptsache Europa, Perspektiven für das Europäische Parlament. Berlin: Duncker & Humblot

**Schöndube, Claus 1983:**
Das Europäische Parlament vor der zweiten Direktwahl : Bilanz und Perspektiven. Bonn: Europa Union Verlag

**Schoo, Johann 2001:**
Die Änderungen in der Zusammensetzung, Organisation des Europäischen Parlaments; in: Hummer, Waldemar (Hrsg.): Rechtsfragen in der Anwendung des Amsterdamer Vertrages. Wien: Manz, 93-105

**Schreiber, Wolfgang / Schrötter, Hansjörg 1978:**
Die Wahl des europäischen Parlaments in der Bundesrepublik Deutschland: Entstehungsgeschichte, integrationspolitische Relevanz, Rechtsgrundlagen. Göttingen : Schwartz

**Schwarz, Hans-Peter 1987:**
Ansätze zur Parlamentarisierung des europäischen Zusammenschlusses. Eine entwicklungsgeschichtliche Skizze; in: Mestmäcker, Ernst-Joachim (Hrsg.) 1987: Eine Ordnungspolitik für Europa, Festschrift für Hans von der Groeben zu seinem 80. Geburtstag. Baden-Baden: Nomos, 369-389

**Silvestro, Massimo 1990:**
L'élection des membres du Parlement européen au suffrage universel et direct; in: Revue du marché commun, n°335, 216-218

**Smit, Hans / Herzog, Peter E (Hrsg.) 1982**:
The law of the European Economic Community : a commentary on the EEC Treaty, Vol. 4, Loseblatt-Ausgabe. New York (u.a.): Bender. Hier: **Brinkhorst, Laurens Jan / Kapteyn, Paul J.G.**: Kommentar zu den Artikeln 137 und 138; Ziffer 5-18 – Ziffer 5-56

**Spitzhüttl, Rolf / Lüke, Ulrich 1983:**
Das Europäische Parlament zwischen Chaos und Courage. Bonn : Europa Union Verlag

**Steed, Michael 1981:**
Twelve into one: The effect of using diverse procedures for the first European parliamentary elections; in: Bieber, Roland et al (Hrsg.): Das Europa der zweiten Generation, Gedächtnisschrift für Christoph Sasse. Baden-Baden: Nomos, 287-310

**Steed, Michael 1983:**
The European Parliament; in: Bogdanor, Vernon / Butler, David (Hrsg.): Democracy and Elections : Electoral Systems and their Political Consequences. Cambridge (u.a.) : Cambridge University Press, 228-246

**Steffani, Wilfried 1978:**
Parlamentarismus in den EG-Staaten und demokratische Defizit der europäischen Institutionen; in: Zeitschrift für Parlamentsfragen, 232-253

**Steffani, Wilfried 1995:**
Das Demokratie-Dilemma der Europäischen Union. Die Rolle der Parlamente nach dem Urteil des Bundesverfassungsgerichts vom 12. Oktober 1993; in: ders. / Thaysen, Uwe (Hrsg.): Demokratie in Europa, Zur Rolle der Parlamente, Zeitschrift für Parlamentsfragen (Sonderband). Opladen: Westdeutscher Verlag, 33-49

**Steinbach, Peter 1984:**
Perspektiven politischer Integration, Die Europawahlen im Lichte europäischer Nationalstaatsbildungen des 19. Jahrhunderts; in: Geschichte in Wissenschaft und Unterricht, 7/1984, 434-452

**Streinz, Rudolf 2001:**
Europarecht; 5., völlig neubearbeitete Auflage. Heidelberg: Müller

**Suski, Birgit 1996:**
Das Europäische Parlament: Volksvertretung ohne Volk und Macht?. Berlin: Duncker & Humblot

**Taagepera, Rein / Shugart, Matthew S. 1989:**
Seats and votes: The effects and determinants of electoral systems. New Haven (u.a.): Yale University Press

**Taylor, Peter J. 1984:**
The Case for Proportional Tenure: A Defense of the British Electoral System; in: Lijphart, Arend / Grofman, Bernard (Hrsg.): Choosing an Electoral System : Issues and Alternatives. New York (u.a.): Praeger, 53-58

**Thöne-Wille, Eva Maria 1984:**
Die Parlamente der EG : das Europäische Parlament und die nationalen Parlamente. Kehl (u.a.) : Engel

**van den Berghe, Guido 1981a:**
What Is a 'Uniform Procedure'?; in: Sasse, Christoph et al (Hrsg.): The European Parliament: Towards a Uniform Procedure or Direct Elections. Florenz: Europäisches Hochschulinstitut, 7-20

**Vogel, Bernhard / Nohlen, Dieter / Schultze, Rainer-Olaf 1971:**
Wahlen in Deutschland, Theorie – Geschichte – Dokumente 1848-1970. Berlin / New York: de Gruyter

**Wenner, Ulrich 1986:**
Sperrklauseln im Wahlrecht der Bundesrepublik Deutschland. Frankfurt am Main (u.a.): Lang

**Wessels, Wolfgang / Diedrichs, Udo 1997:**
A New Kind of Legitimacy for a New Kind of Parliament – The Evolution of the European Parliament; in: European Integration online Papers (EioP), Vol. 1, No. 15, http://eiop.or.at/eiop/texte/1997-006a.htm (08.11.2004)

**Westlake, Martin 1994:**
A modern guide to the European Parliament. London: Pinter

**Wolf, Sebastian 2000:**
Ein Vorschlag zur Beseitigung von Repräsentations- und Legitimationsdefiziten in Rat und Europäischem Parlament. Überlegungen zur Debatte über die institutionelle Reform der EU; in: Politische Vierteljahresschrift, 41 / 4, 730-741

**Woyke, Wichard / Steffens, Udo 1978:**
Europawahl 1979, Daten – Fakten – Probleme. Opladen: Leske & Budrich

**Woyke, Wichard 1984:**
Europäische Gemeinschaft, Europäisches Parlament, Europawahl : Bilanz und Perspektiven. Opladen: Leske & Budrich

**Zeitschrift für Parlamentsfragen 1976:**
Kontroverse Sitzverteilung im Europäischen Parlament. Eine Dokumentation der aktuellen Diskussionsmodelle, 226-227

**Zuleeg, Manfred 1972:**
Die Anwendbarkeit des parlamentarischen Systems auf die Europäischen Gemeinschaften; in: Europarecht, 7 / 1, 1-15

## L.2 Dokumente zum Europawahlrecht (Auswahl)

**2004:**
Konferenz der Vertreter der Regierungen der Mitgliedstaaten: Vertrag über eine Verfassung für Europa, Dok-Nr. CIG 87/04 vom 06.08.2004

**2003:**
Beitritt der Tschechischen Republik, Estlands, Zyperns, Lettlands, Litauens, Ungarns, Maltas, Polens, Sloweniens und der Slowakei (Beitrittsvertrag), ABl. L 236 vom 23.09.2003

**2003:**
Europäischer Konvent: Vertrag über eine Verfassung für Europa, ABl. C 169 vom 18.07.2003

**2002:**
Rat der Europäischen Union: Beschluss des Rates zur Änderung des Akts zur Einführung allgemeiner unmittelbarer Wahlen der Abgeordneten des Europäischen Parlaments im Anhang zum Beschluss 76/787/EGKS, EWG, Euratom des Rates vom 20. September 1976, ABl. L 283 vom 21.10.2002

**2002:**
Europäisches Parlament: Empfehlung zu dem Entwurf eines Beschlusses des Rates zur Änderung des Akts zur Einführung allgemeiner unmittelbarer Wahlen der Abgeordneten des Europäisches Parlaments (Bericht Gil-Robles Gil-Delgado A5-0212/2002)

**2001:**
Vertrag von Nizza, Protokoll zum Vertrag über die Europäische Union und zu den Verträgen zur Gründung der Europäischen Gemeinschaften, ABl. C 80 vom 10.03.2001

**1998:**
Europäisches Parlament: Bericht über die Ausarbeitung eines Entwurfs für ein Wahlverfahren, das auf gemeinsamen Grundsätzen für die Wahl der Mitglieder des Europäischen Parlaments beruht (Anastassopoulos-Bericht A4-0212/98)

**1993:**
Europäisches Parlament: Entschließung zu dem Entwurf eines einheitlichen Wahlverfahrens für die Wahl der Mitglieder des Europäischen Parlaments (Bericht de Gucht A3-0381/92, ABl. C 115 vom 26.04.1993))

Beschluss des Rates vom 1. Februar 1993 zur Änderung des dem Beschluss des Rates vom 20. September 1976 beigefügten Akts zur Einführung allgemeiner unmittelbarer Wahlen der Abgeordneten des Europäischen Parlaments (ABl. Nr. L 33 vom 09.02.1993).

Richtlinie 93/109/EG des Rates über die Einzelheiten der Ausübung des aktiven und passiven Wahlrechts bei den Wahlen zum Europäischen Parlament für Unionsbürger mit Wohnsitz in einem Mitgliedstaat, dessen Staatsangehörigkeit sie nicht besitzen (ABl. Nr. C 329 vom 06.12.1993)

**1985:**
Europäisches Parlament: Bericht über einen Entwurf eines einheitlichen Wahlverfahrens für die Wahl der Mitglieder des Europäischen Parlaments (Bocklet-Bericht A2-1/85)

**1982:**
Europäisches Parlament: Vorschlag für einen Akt zur Annahme verschiedener Bestimmungen eines einheitlichen Wahlverfahrens für die Wahl der Mitglieder des Europäischen Parlaments (Bericht Seitlinger; Dokument EP 1-988/81/A+B u. C; ABl. C 87/61 vom 10.03.1982)

**1976:**
Beschluss und Akt des Rates der EG: „Zur Einführung allgemeiner unmittelbarer Wahlen der Abgeordneten der Versammlung" vom 20.09.1976 (ABl. L 278/1976) (abgedruckt in: Bangemann / Bieber 1976)

**1975:**
Europäisches Parlament: Entwurf eines Vertrages mit Begründung über „Allgemeine Wahlen der Mitglieder des Europäischen Parlaments" (Bericht Patijn; ABl. C 32 vom 11.02.1975) (abgedruckt in: Bangemann / Bieber 1976)

**1960:**
Europäisches Parlament: Entschließung über die Annahme des Entwurfs eines Abkommens betreffend die Wahl des Europäischen Parlaments in allgemeiner unmittelbarer Wahl (Bericht Dehousse; ABl. 37 vom 02.06.1960) (abgedruckt in: EP 1969)

## L.3 Statistisches Material

**Eurostat 2002:**
Datenbank „Bevölkerung und soziale Bedingungen"
http://epp.eurostat.cec.eu.int/portal/page?_pageid=1090,1137397&_dad=portal&_schema=PORTAL) (08.11.2004)

**Statistisches Bundesamt 1999:**
Europawahl 1999; hier: Heft 1, S.6f; Heft 5, S. 166-173

**European Parliament (Directorate-General for Information and Public Relations) 1999:**
Results and elected members (Revised edition – 28. Juli 1999)

**http://www3.europarl.eu.int/election/default.htm (08.11.2004)**

**http://www.electionworld.org (08.11.2004)**

**http://www.parties-and-elections.de (08.11.2004)**

**http://www.elections2004.eu.int (08.11.2004)**

## Zum Autor

***Jan Scheffler***, Jahrgang 1978. Diplômé de Sciences Po (Paris), Bachelor of Arts Europäische Studien (Universität Osnabrück); Forschungsschwerpunkte im Bereich der Europäischen Integration und der Internationalen Beziehungen; praktische Stationen beim Europäischen Parlament, bei der Bertelsmann Stiftung und der Ständigen Vertretung der Bundesrepublik Deutschland bei der OECD.